Christian Humberg

Sagenhaft Eifel!
Abenteuer in einer fantastischen Region

Buch 2
Der Schrecken der Teufelsschlucht

Impressum

Text & Konzept: Christian Humberg
Serienidee: Sven Nieder & Christian Humberg
Titelbild & Illustrationen: Martin Frei
Lektorat: Wibke Sawatzki
Fotografien: Sven Nieder (S. 114, 117, 126), Hans Nieder (S. 113),
Eddi Meier (S. 115), Josef Gaspers (S. 112)
Layout: Björn Pollmeyer
Überschriften: Gnaramops von Markus Spang

Gedruckt in der Europäischen Union, Finidr, CZ

3. Auflage 2024

ISBN 978-3-946328-16-2

www.sagenhaft-eifel.de

Für Nivikka,

die erste »Eifel-Eskimo« der Welt.
Brücken schlagen kann so einfach sein.

Die Helden
von Burg Krähenfels

Lena

Elias

Pikrit

Lena Schäfer ist elf, sportlich und alles andere als ein »typisches Mädchen«. Wo andere Prinzessin spielen, spielte sie schon früh viel lieber Fußball. Niemand in ganz Krähenfels klettert die glitschige Eiche auf dem Schulhof schneller hoch als sie. Lena hasst Lügen, Physikhausaufgaben und Rosenkohl. Am liebsten hält sich das kontaktfreudige blonde Mädchen, das jede neue Hose binnen weniger Stunden an den Knien aufgescheuert bekommt, im Freien auf.

Elias Schäfer ist elf, Stubenhocker und ziemlich schlau. Der schwarzhaarige Junge mit den vielen Allergien fühlt sich zwischen Büchern und Computern deutlich wohler als in der freien Natur. Sein liebster Lieblingsort von allen ist das Computerzimmer auf Burg Krähenfels. Elias durchschaut manches Rätsel schneller als seine Freunde. Auch wenn er zwei linke Hände und eine riesengroße Brille hat, helfen sein Grips und sein immenses Wissen Lena und ihm aus vielen Gefahren.

Pikrit ist ein Vulkanteufelchen niedrigsten Ranges und das Maskottchen des Internats Krähenfels, lebt es doch als Haustier bei Direktor von Schlotterfest. Pikrit ist etwa so groß und rund wie ein kleiner Fels und am ganzen Leib mit einer Haut aus Lavagestein bedeckt. Er hat lächerlich dünn wirkende Arme und Beine, in denen enorme Kraft schlummert, und eigentlich immer Hunger. Wenn er möchte, kann er sich unsichtbar machen (Experten erkennen seine Anwesenheit dann aber trotzdem noch an seinem Schwefelgeruch). Obwohl Pikrit nur selten spricht, zählen Schimpfen und Grummeln zu seinen Lieblingsbeschäftigungen. Ginge es nach ihm, läge er den ganzen Tag dösend in der Sonne; doch sein Herrchen zwingt ihn, auf Elias und Lena aufzupassen.

Prof. Dr. Dr. **Hilarius von Schlotterfest** ist der weit gereiste Leiter des Internats und Gerüchten zufolge älter als die von ihm so geliebten Eifelvulkane. Die größte Leidenschaft des weisen Direktors ist es, unheimlichen und mysteriösen Dingen auf den Grund zu gehen. Das beweist auch Krähenfels, hat er mit den dortigen Lehrern doch einige der mysteriösesten »Dinge« versammelt, die ihm auf seinen Reisen begegneten. Die Eifel mit ihren vielen Geschichten fasziniert Schlotterfest sehr; entsprechend nachsichtig reagiert er auf das ähnliche Interesse der Zwillinge.

~

Kapitel 1
Kleine Brüder kommen aus der Hölle

Der Tyrannosaurus Rex war riesig! Das Maul weit aufgerissen, stand er zwischen den hohen Bäumen. Lena Schäfer konnte seine graubraune Haut sehen, die mächtigen Krallen an seinen Händen und jeden einzelnen, tödlich spitz wirkenden Zahn. Mit einem Mal kam Lena sich sehr klein vor ... und sehr verletzlich.

»Na?«, erklang eine leise raunende Stimme direkt neben der Elfjährigen. »Hast du schon Angst?«

Lena seufzte. Kleine Brüder mussten direkt aus der Hölle stammen, anders war nicht zu erklären, wie sehr Elias sie heute mal wieder nervte. »Nein«, antwortete sie und wandte sich von der lebensgroßen Statue des Dinosauriers ab. »Aber du solltest welche haben, Hohlbirne. Denn ich schwöre dir: Nicht mehr lange, und du bekommst gewaltigen Ärger mit mir!«

»He, ich versuche nur, mich treiben zu lassen«, sagte Elias. Abwehrend hob der schwarzhaarige Junge mit den vielen Allergien die Hände. »Genau wie du gesagt hast: Weniger planen, mehr machen.« Dabei wich er vor Lena zurück und stieß prompt gegen das Nasenhorn eines okkerfarbenen Centrosaurus.

Die Teufelsschlucht, in deren Umgebung sich die Zwillinge an diesem – und die großen Echsenstatuen an jedem – Tag aufhielten, befand sich in der Nähe der Eifler Gemeinden Irrel und Ernzen. Zusammen mit dem direkt daran angrenzenden Dinosaurierpark gehörte die Felsenlandschaft zu den tollsten Orten, die Lena je gesehen hatte! Und das lag nicht allein an den beeindruckend lebensechten Sauriern, Mammuts und anderen Tieren, die dort scheinbar überall herumstanden. Es lag auch an der Schlucht selbst: Bis zu fünf Meter hoch ragten die Wände aus natürlichem Sandstein rechts und links der beiden Schäfers gen Himmel. Alle paar Schritte fanden sich neue, faszinierend fremdartig wirkende Felsformationen, neue Gesteinsspalten und neue Entdeckungen! Bäume und Büsche wucherten zwischen den beeindruckenden Felswänden hervor, über die Wanderwege und bis an die Ufer der kleinen Bäche heran. Fast fühlte sich Lena, als sei sie durch einen Riss in der Wirklichkeit gefallen und in der Urzeit gelandet, lange bevor es Menschen gegeben hatte und Giganten wie der T-Rex die Welt regierten. In der Teufelsschlucht fiel es nicht schwer, sich diese Vergangenheit vorzustellen. Hier in den Schatten der Bäume und Felsvorsprünge wirkte sogar ein Saurier aus Plastik wie ein bedrohlicher Riese, dessen mächtige Kiefer jeden Moment zuschnappen konnten.

»Nicht vergessen, Kinder«, hallte plötzlich ein Ruf durch das Waldesdickicht. »In einer Stunde treffen wir uns alle wieder am Lagerfeuer drüben in der Schlucht. Keine Sekunde später, bitteschön! Pünktlichkeit ist …«

»… eine Tugend«, murmelten Lena und Elias gleichzeitig. Dann sahen sie einander an und prusteten los. Der Streit, den die Geschwister schon seit Tagen untereinander ausfochten, war kurzzeitig vergessen – genau wie die Erdkundeprüfung, die ihnen bald bevorstand und sie ziemlich beschäftigte.

»Typisch Geiergift«, sagte Elias leise und deutete in die Richtung, aus der die Stimme ihres Lehrers gekommen war. »Der bringt echt immer dieselben Sprüche.«

Lena nickte. »Der ist vermutlich viel zu griesgrämig, um sich neue auszudenken.«

Knut Geiergift war ihr Erdkundelehrer. Er hatte eine beeindruckend spitze Nase und eigentlich immer schlechte Laune. Dennoch wäre Lena ihm fast um den Hals gefallen, als er den Ausflug in die Teufelsschlucht und den Dinopark angekündigt hatte. Zwei Tage lang wollte er dort mit seiner Klasse auf den Spuren der Eifler Vergangenheit wandeln, die Natur genießen und Wissenswertes über die Region erfahren – als Vorbereitung auf die angedrohte Prüfung. Und für Lena, der die grauen Mauern und Klassenzimmer des Internats Krähenfels schnell mal zu eng wurden, konnte es keine bessere Art des Unterrichts geben!

Ihr Bruder Elias war da allerdings ganz anders. Er war nicht nur eine ausgesprochene Hohlbirne, sondern auch leidenschaftlicher Stubenhocker. Wo Lena sich nach Sonne und Weite sehnte, fühlte Elias sich in der Nähe von Computern und Bücherregalen deutlich wohler. Manchmal kam es Lena vor, als vergäße ihr Zwilling die ganze Welt, wenn er seine Nase nur zwischen zwei Buchdeckel stecken oder vor irgendeinem Monitor parken konnte.

Nein, die Schäfers waren sehr unterschiedlich. Alle beide waren Stadtkinder, das schon, und alle beide lebten seit einigen Wochen in diesem mysteriösen Internat in der Eifel, einer waschechten alten Burg. Sonst hatten sie allerdings wenig gemeinsam.

Zumindest kam es Lena mitunter so vor. Besonders an Tagen wie diesem, wo Elias einfach nur nervte. Auch deswegen hatte sie seinen Rucksack versteckt, kurz bevor sie im Internat in den Bus zur Teufelsschlucht gestiegen waren. Nun hatte Elias keine Zahnbürste, keinen Schlafsack und auch sonst absolut nichts außer den Kleidern am Leib dabei, um die zwei Tage mitten in der Wildnis zu meistern. Das geschah ihm nur recht.

»Weißt du, Lärma«, sagte er nun und legte Lena einen Arm um die Schultern. »Ich bin beinahe gar nicht mehr böse auf dich. Ehrlich nicht. Okay, so ein Schlafsack wäre echt praktisch gewesen. Aber diese Gegend hier … Nein, die ist wirklich, wirklich spannend. Und bestimmt hilfreich für unsere Prüfung. Ehrlich, ich freue mich, dass wir hier sind und …«

Plötzlich verstummte er. Die Augen fest zugekniffen, nieste er bestialisch laut – dann schon wieder und sogar ein drittes Mal. Erst danach dachte er daran, sich die Hand vor den Mund zu halten.

»Alles in Ordnung?«, fragte Lena schelmisch.

Elias zog die Nase hoch. Tränen glitzerten in seinen Augen. »Hnschpfn«, nuschelte er. »Vrdmpt!« Die Begeisterung von eben schien verflogen.

»Wie bitte?«, sagte Lena. Ihr Lächeln war so falsch wie ihre Sorge. Und natürlich hatte sie Elias genau verstanden. »Geht's dir etwa nicht gut, Brüderchen?«

»Ich bekomme Heuschnup…«, begann er von vorn – und deutlich lauter. Doch noch bevor er das Wort beenden konnte, brach ein weiterer Nieser aus ihm hervor. »…tschi!«

»Heuschnuptschi?« Lena legte den Kopf leicht schräg. »Tut mir leid, das Wort kenne ich nicht. Ist das Eifler Platt?« So nannte man den Dialekt, den die Einheimischen hier sprachen. Leider hörten Lena und Elias ihn nur selten auf der zur Schule umfunktionierten alten Burg Krähenfels, wo allein der Hausmeister diese Sprache sprach. Und sie verstanden ihn sogar noch seltener.

»Gemein ist das, sonst nichts!«, beschwerte sich Elias und suchte in beiden Hosentaschen nach einem Taschentuch. »Du weißt genau, dass ich Heuschnupfen bekomme, wenn ich zu lange an der frischen Luft bin.«

»Aber dagegen hast du doch Medikamente«, sagte sie ganz unschuldig.

»Mhm.« Elias nickte grimmig. »Klar hab ich die. Daheim. Im Rucksack.«

»Ups.«

Nun war sie es, die die Hand vor den Mund hob. Doch ihr Entsetzen war nur gespielt, und Elias wusste es genau. »Eines Tages«, knurrte er, und dank seiner inzwischen vollkommen dichten Nase klang es eher wie »Eeeenees Teegees«, »zahle ich dir das alles heim, Lärma. Hörst du? Alles!«

»Du und welche Armee, Hohlbirne?«, fragte Lena unbeeindruckt. Dann drehte sie sich um, strich dem Tyrannosaurus liebevoll übers grünbraune Kinn und ging weiter, den Wanderpfad entlang und in Richtung ihres Lagers.

Es stimmte zwar, dass kleine Brüder aus der Hölle kamen. Aber an manchen Tagen, so dachte sie grinsend, konnte man sie trotzdem ganz schön ins Schwitzen bringen.

13

Schmale Trampelpfade folgten auf hölzerne Brücken. Über steinerne Treppenstufen, die aus dem Erdreich ragten, führte der Weg zwischen wolkenkratzerhohen Felswänden hindurch, vorbei an fließendem Gewässer und überall wild wuchernder Natur. Lena staunte immer wieder aufs Neue. Im langsam abnehmenden Tageslicht sah sie Statuen von Menschen aus der Frühzeit, kleine Hütten aus Holz und aus Stein, las Schautafeln voller Informationen – und für eine kleine Weile verstand sogar sie, was Elias so am Lernen faszinierte.

Dann erreichten die beiden Geschwister das Lager.

Der Rest ihrer Schulklasse hatte sich bereits um das große Feuer versammelt, das dort hell lodernd brannte. Herr Geiergift stand am Rand der Gruppe und kontrollierte, wie Mehtap und Elias' Zimmergenosse Phillip neues Brennholz herbeischleppten. Die anderen Kinder fläzten sich bereits auf den mitgebrachten Decken und Kissen, die rings um die Feuerstelle ausgebreitet worden waren.

Doch mit *einem* Gesicht hatte Lena nicht gerechnet. »Herr Professor?«

Hilarius von Schlotterfest saß ebenfalls auf einer der Decken. Nun drehte er sich zu den Zwillingen um. »Lena! Elias! Wie schön, euch zu sehen.«

»Was machen Sie denn hier?«, fragte Elias und nieste wieder. Dann ließ er sich neben seinem Schuldirektor nieder.

»Na, ich genieße die Natur«, antwortete von Schlotterfest lächelnd. Er reichte Elias ein Taschentuch aus weißem Stoff. Anschließend breitete er die Arme aus. »Die Teufelsschlucht ist ein unglaublicher Ort, meint ihr nicht auch? Ich freue mich immer, wenn ich einen Grund finde, sie zu besuchen. Und heute … seid ihr eben mein Grund. Euer Klassenausflug, Elias.«

Lena schmunzelte. Professor Doktor Doktor Hilarius von Schlotterfest war ein besonderer Mensch, seltsam und voller Überraschungen. Der Mann mit dem stolzen Schnurrbart hatte schon die ganze Welt bereist. Wie üblich trug er seine packpapierfarbene Safarikleidung, einen breitkrempigen Tropenhut und ein Monokel im Gesicht. Von Schlotterfest leitete das Internat Krähenfels und war mindestens so geheimnisvoll wie das alte Gemäuer selbst. Außerdem liebte er die Eifel, die für ihn eine Region voller spannender Abenteuer war. Anfangs hatten Lena und Elias ihm das nicht glauben wollen. Doch seit sie am Ufer des sogenannten Totenmaares bei Daun einem waschechten Gespenst begegnet waren und ein versunkenes Schloss gefunden hatten, sahen sie die Gegend mit anderen Augen.

»Ist Pikrit auch hier?«, fragte Lena und ließ suchend den Blick schweifen.

Pikrit war gewissermaßen das Haustier des Direktors. Der freche kleine Lavaat – so nannte man die Vulkanteufelchen, die heimlichen Ureinwohner der Eifel – war einer der Letzten seiner Art. Er konnte sich unsichtbar machen und hatte so gut wie immer Hunger. Nur wenige Menschen wussten von seiner Existenz.

»Pik?« Von Schlotterfest nickte. »Aber natürlich, Lena. Der spaziert hier irgendwo herum. Zwischen all den Felsen und Büschen fühlt der Kleine sich absolut heimisch, weißt du?«

Das glaubte Lena gern. Außerdem meinte sie, einen leichten Schwefelgeruch zu bemerken – stets ein untrügliches Zeichen für Pikrits Nähe. Mit einem Mal musste sie aber stutzen. Teufelsschlucht, Vulkanteufelchen … Bestand da etwa ein Zusammenhang?

»Sagen Sie«, wandte sie sich erneut an den Direktor, »woher hat die Teufelsschlucht eigentlich ihren Namen?«

»Das frag ich mich auch schon die ganze Zeit«, sagte Elias und schnäuzte sich lauter als mancher Elefant trompeten mochte. Dann sah er von Schlotterfest an.

Der Schulleiter faltete die Hände und nickte. »Ja, die Teufelsschlucht«, sagte er nachdenklich. »Sie zählt zu den sagenreichsten Flecken dieser Gegend. Angeblich – und es gibt viele Menschen, die das anders sehen – ist sie das Werk des Satans höchstpersönlich. Der Teufel, so heißt es, hat diese Gegend eigenhändig geformt, Elias! Er soll aus der Hölle gekommen sein, um die Schlucht zu erschaffen – all die steilen Abgründe und schmalen Felsspalten.«

Elias schluckte hörbar, und seine Augen wurden groß. »E… Echt?«

Lena schmunzelte wieder. Typisch Elias! Ihr Bruder war zwar nur zwei Minuten jünger als sie, aber manchmal leichtgläubiger als ein Baby.

»Echt.« Von Schlotterfest zwinkerte ihm zu. »Zumindest laut der Sage. Aber der Wissenschaft zufolge war hier allein die Natur am Werk. Und die Wissenschaft irrt sich eher selten. Mach dir also keine Sorgen, einverstanden? Wir können hier beruhigt übernachten. Uns wird schon kein Monster begegnen.«

»Schlafen Sie etwa auch hier?«, hakte Lena nach. Damit hatte sie nicht gerechnet. Von Schlotterfest in einem Zelt?

Der Direktor nickte begeistert. »Oh ja. Pikrit und ich können es kaum erwarten, ehrlich gesagt.«

Fragend sah Lena sich um. Dort hinten am Waldrand standen ihre mitgebrachten Zelte. Ihre Anzahl war gleich geblieben. »Und ... wo?«

»Na, drüben im Naturparkzentrum«, antwortete von Schlotterfest mit völliger Selbstverständlichkeit. Er meinte das Museum, das der Ausgangspunkt der meisten Erkundungsreisen durch die Schlucht war. »Der dortige Leiter ist ein alter Bekannter, müsst ihr wissen. Er hat mich eingeladen, sein Gästezimmer zu nutzen – ein warmes Bett ist eben doch etwas anderes als ein zugiger Schlafsack. Nicht wahr, Elias?«

Der Direktor schlug Lenas Bruder kumpelhaft auf die Schulter. Dann stand er auf und ging zu Herrn Geiergift hinüber, um irgendwelchen Lehrerkram zu besprechen. Elias schaute ihm traurig nach. »Der bekommt ein Bett ... und ich nicht einmal einen Schlafsack. Mensch, die Nacht wird echt die Hölle!«

Lena lachte, rutschte näher zu ihm und legte ihm einen Arm um die Schultern. »Deswegen nennt man sie Teufelsschlucht, Hohlbirne. Einzig und allein deswegen.«

~

Kapitel 2
Im Reich des Teufels

Die Nacht war sternenklar und überhaupt nicht kühl. Ein sanfter Wind brachte die Baumwipfel zum Rascheln, und irgendwo im Dunkel rief eine Eule. Elias Schäfer lag auf dem Rücken und sah zum Firmament hinauf. Er konnte das Sternbild Orion erkennen, den Kleinen Wagen, das lang gezogene W der Kassiopeia … Außerdem hörte er das beruhigende Knistern des Lagerfeuers neben sich. Ihm war angenehm warm, und die Decke unter seinem Kopf war weich.

Vielleicht, dachte er zufrieden, *wird diese Nacht doch nicht so übel.*

Doch da hatte er die Rechnung ohne seine Mitschüler gemacht.

»Herr Geiergift?«, fragte Mehtap irgendwo links von Elias. Dem Fingerschnippen nach zu urteilen, das auf die Worte folgte, zeigte die kleine Streberin mit den langen Locken sogar auf! Hier, mitten in der Wildnis! »Herr Geiergift?«

»Ja, Mehtap?« Ihr Lehrer seufzte, missgelaunt wie eh und je.

»Warum heißt diese Gegend eigentlich Teufelsschlucht? Wissen Sie das?«

Elias schloss die Augen. *Nicht schon wieder ...*

»Das wüsste ich auch gern«, sagte Phillip. Weitere Schüler schlossen sich an.

Herr Geiergift ließ ein leises Ächzen hören, dann raschelte seine Kleidung. Als Elias den Kopf zu ihm drehte, war der Lehrer aufgestanden und ging hinter den Schülern, die im Kreis um das Feuer saßen, entlang. Ein ganz und gar untypisches Funkeln lag in seinem sonst so strengen Blick.

»Ihr wollt die Geschichte der Schlucht hören?«, fragte Herr Geiergift. Zu dem Funkeln gesellte sich nun noch ein ebenso leichtes wie grimmiges Lächeln. »Traut ihr euch das wirklich?«

Mehtap und Phillip sahen einander erstaunt an. »Äh«, sagte Mehtap. »Ja?« Aber es klang eher wie eine Frage als wie eine Antwort.

Geiergifts Lächeln wurde breiter – und bedrohlicher. »Also gut. Ich werde sie euch erzählen, Kinder. Aber kommt nicht zu mir, wenn ihr nachher vor lauter Angst keinen Schlaf findet, verstanden? *Ihr* wolltet es so, nicht ich.«

Nun sagte niemand mehr etwas. Die gesamte Klasse saß regungslos da und lauschte dem Lehrer mit der spitzen Nase. Auf allen Gesichtern fand Elias die gleiche Mischung aus Neugierde und langsam knospender Furcht.

»Es ist schon sehr, sehr lange her«, begann Herr Geiergift. Noch immer ging er im Kreis um die Schüler und das Lagerfeuer herum. Dabei wirkte er fast wie ein alter Hexenmeister. »Damals lebte noch kein Mensch in der Südeifel, und das Ferschweiler Plateau war leer und öd.«

Elias schluckte. Ferschweiler Plateau? So hieß die sandsteinhaltige Hochebene, zu der auch die Schlucht gehörte. Das hatte er doch erst heute Nachmittag auf einer der Schautafeln gelesen, die die Wanderwege säumten.

Geiergift fuhr fort. Mit jedem neuen Satz wurde seine Stimme tiefer, sein Tonfall verschwörerischer. Er klang ganz anders als im Unterricht. So, als verrate er seinen Schülern gerade eine ebenso geheime wie wichtige Sache. Eine verborgene Wahrheit. »Doch das leere Land blieb nicht lange leer. Der Teufel selbst kam aus den tiefsten Tiefen der Hölle hierher. Der gehörnte Satan persönlich. Er kam in die Eifel, um sich auf Erden eine zweite Heimat zu erschaffen – einen Ort, an dem er sich verstecken und neue Schandtaten aushecken konnte.«

»U… und die Teufelsschlucht ist dieser Ort?«, hauchte Mehtap. Sie war ganz blass geworden. Nervös sah sie sich um.

Geiergift nickte ernst. »Oh ja. Deswegen heißt die Gegend hier so. Ihr habt euch die Felsspalten und hohen Steinwände doch selbst angesehen. Glaubt ihr etwa wirklich, die seien einfach von allein entstanden? Glaubt ihr, die Natur hätte sie geformt? Solch eine unwirtlich scheinende Gegend voller tiefer Abgründe und Schatten, voller wildem Wasser und lockerem Gestein, wo jeder unachtsame Schritt zur tödlichen Falle werden kann? Nein, Mehtap. Die Teufelsschlucht ist das Werk des Teufels.« Der Lehrer war stehen geblieben, direkt am Feuer. Die Flammen warfen wilde Schatten auf sein Gesicht, während er den Blick von einem Schüler zum nächsten wandern ließ. »Vergesst das nicht, wenn ihr darin umherspaziert, hört ihr? Vergesst es auch nicht, wenn ihr gleich in euren Schlafsäcken liegt. Seid immer auf der Hut. Wer weiß? Schon hinter dem nächsten Stein oder dem nächsten Busch kann der Teufel auf euch lauern. Wir sind hier in seinem Reich, Kinder, und da bestimmt allein er die Regeln!«

Kalte Schauer zogen über Elias' Rücken. Mit einem Mal kam ihm die Nacht absolut eisig und feindselig vor. Jedes Rascheln der Baumwipfel war wie ein drohender Angriff aus dem Dunkel, und das Heulen der Eule wirkte plötzlich ganz verwunschen und klagend.

»Was für ein Unfug«, murmelte Lena und lachte so leise, dass nur Elias, der direkt neben ihr saß, sie hören konnte. »Glaubt der wirklich, mit diesem Schauermärchen kann er uns Angst einjagen? Ehrlich, Hohlbirne: Ich habe im Kindergarten schon bessere Gruselgeschichten gehört. Im Kindergarten!«

Einen Herzschlag später hallte ein Schrei durch die nachtschwarze Teufelsschlucht! Er war schrill und gellend, voller blankem Entsetzen. Hilflos, hoffnungslos.

Die Schüler zuckten zusammen. Elias schreckte hoch und sah sich nach allen Seiten um. Mehtap versteckte sich hinter Phillips Rücken. Paul, das rothaarige Fußball-As aus Elias' Nachbarzimmer, griff ins Feuer und zog einen brennenden Ast heraus, den er dann wie eine Waffe vor sich hielt. Sogar Lena war blass geworden.

Einzig Herr Geiergift bewahrte Ruhe. »Was soll das?«, fragte der Lehrer streng. Er sah nicht zum Waldrand, sondern seine Klasse an. Sehr, sehr grimmig. »Erlaubt ihr Knirpse euch etwa einen Streich mit mir?«

Der Schrei wiederholte sich! Abermals schnitt er durch die stille Nacht wie ein Messer durch weiche Butter. Laut und panisch und absolut grauenvoll.

»Das waren wir nicht.« Lena stand langsam auf. »Das … Das kommt von dort drüben, Herr Geiergift!« Sie zeigte ins Dunkel jenseits des Lagerfeuers.

Ihr Lehrer nickte. »Da braucht jemand Hilfe. In Ordnung, Leute, wir machen jetzt Folgendes: Ihr nehmt euch alle so eine Fackel wie Paul. Und dann gehen wir gemeinsam dieser Stimme entgegen. Schnell!«

Hilfe? Elias wusste nicht so recht. Vielleicht war da draußen jemand in Schwierigkeiten, aber vielleicht schrie dort auch der Teufel, um die Besucher von der Burg Krähenfels in die Irre zu führen! Was, wenn das eine Falle war? Wer schlich denn nachts schon allein durch die Teufelsschlucht? Doch wohl nur der Teufel selbst, oder?

»Lena?«, flüsterte er und griff ängstlich nach der Hand seiner Schwester.

Sie lachte spöttisch, drückte seine Hand aber ganz fest. Dann zogen sie los, mit brennenden Fackeln ins Dunkel der Felsenschlucht.

Das Haus war breit und eingeschossig. Es hatte dunkelrote Wände und ein Dach aus schwarzen Ziegeln. Außerdem hatte es viele Fenster, die allesamt hell erleuchtet waren. Die Tür stand sperrangelweit offen.

»Von hier muss der Schrei gekommen sein«, murmelte Herr Geiergift. Er und die Klasse hatten das Haus am Rande der Teufelsschlucht soeben erreicht. Nun standen sie davor und sahen sich um. Geiergift wirkte nachdenklich. »Ein anderes Gebäude gibt es in dieser Richtung nämlich weit und breit nicht; nur Höhlen und alte Steinbauten, die Teil der Wanderrouten sind.«

Elias stutzte. »Hat Direktor von Schlotterfest nicht gesagt, er würde hier irgendwo in einem Museum schlafen?«

Lena nickte. »Guck mal«, sagte sie und zeigte mit ausgestrecktem Arm auf ein rechts neben der offenen Haustür hängendes Schild. Das Gebäude war tatsächlich das erwähnte Naturparkzentrum.

Wie aufs Stichwort trat der Direktor nun ins Freie. Von Schlotterfest wirkte, als sei er soeben aus tiefstem Schlummer gerissen worden. Sein Haar war zerzaust, und das knöchellange Nachthemd, das er trug, musste aus einem früheren Jahrhundert stammen. Seine Füße steckten in gefütterten Hausschuhen. Obwohl er direkt aus dem Bett kommen musste, trug er sein kreisrundes Monokel im Gesicht, und sein Schnurrbart wirkte so gepflegt wie eh und je.

»Herr Kollege«, grüßte er Herrn Geiergift. Dabei klang er ziemlich verwirrt und noch recht verschlafen. Sein Blick wanderte so unverwandt über die Klasse mit ihren Fackeln, als sähe er die Schülerinnen und Schüler zum allerersten Mal in seinem Leben. »Wie, äh, gut, dass Sie gleich kommen konnten.«

»Was ist passiert, Herr Direktor?«, fragte der Erdkundelehrer. Seine Miene war ernst.

Von Schlotterfest seufzte. »Das, äh, wüsste ich auch gern, ehrlich gesagt.« Ohne ein weiteres Wort machte er kehrt und ging zurück ins Haus. Vor lauter Verwirrung schien er die Klasse schlicht wieder vergessen zu haben.

Geiergift folgte ihm schweigend. Lena und Elias wechselten einen Blick, dann zuckte Lena mit den Schultern und ging ebenfalls ins Gebäude. Elias und der Rest der Klasse taten es ihr gleich.

Im Vorraum des Museums stand ein Mann. Er hatte einen stattlichen, pechschwarzen Vollbart und einen kugelrunden Bauch. Auf seiner Jacke stand »Naturparkzentrum Teufelsschlucht«, und neben ihm auf einem dreibeinigen Stativ befand sich ein teuer aussehender Fotoapparat mit langem Objektiv.

»Knut Geiergift«, sagte von Schlotterfest ein wenig ratlos, »darf ich Ihnen meinen alten Freund Fridbert Feuersteyn vorstellen? Er leitet das Naturparkzentrum und … Nun ja … Er hat sich vorhin ziemlich laut erschreckt, wenn ich nicht irre.«

Elias runzelte die Stirn. Dieser Mann hatte also geschrien! Aber weshalb? »Hat der vielleicht Pikrit gesehen?«, flüsterte er Lena zu. Kaum jemand wusste, dass es den frechen kleinen Lavaat überhaupt gab.

Lena hob die Schultern. »Keine Ahnung«, antwortete sie leise. »Möglich wär's. Pik macht sich gern mal einen Spaß daraus, Leute zu erschrecken. Außerdem steckt er bestimmt hier irgendwo. Der ist nie weit von unserem Direktor entfernt.« Aus dem Augenwinkel sah sie, wie der Lavaat tatsächlich gerade sichtbar wurde.

Pikrit stand hinter einem großen Blumenkübel. Sein Körper war etwa so groß wie ein kleiner Felsen, und seine Haut bestand aus erkalteter Lava. Er hob die Hand und winkte Lena und Elias kurz zu, dann machte er sich aber sofort wieder unsichtbar. Niemand sonst hatte ihn bemerkt.

Er hat Angst, schoss es Elias durch den Kopf. *Der kleine Kerl hat tatsächlich Angst.*

Aber wovor denn?

»Was ist passiert, Herr Feuersteyn?«, wandte sich Herr Geiergift an den bärtigen Mann.

Feuersteyn hatte einen Ausdruck im Gesicht, in dem gleichzeitig Begeisterung und Entsetzen lagen. Sein Blick hing an dem Fotoapparat, als wolle er sich an dem Gerät festhalten. »Eisch ... Eisch wees net, wat eisch sohn sull«, stammelte er im hiesigen Dialekt. Dann riss er sich zusammen und sah zu den beiden anderen Erwachsenen. »Meine Herren«, schaltete er um auf leidlich akzentfreies Hochdeutsch, »Sie werden mir das nicht glauben, aber ich habe soeben einen Geist fotografiert! Ein richtiges, echtes Gespenst – hier in meinem Museum!«

Auf Burg Krähenfels und an einem ganz normalen Tag hätten alle Schüler – alle außer Elias und seiner Schwester, heißt das – nun laut losgelacht. Hier und zu dieser späten Stunde lachte aber niemand. Im Gegenteil: Paul, Phillip, Mehtap und die anderen wirkten hochgradig verunsichert. Fragend und ängstlich sahen sie einander an.

»Nichts für ungut, mein lieber Feuersteyn«, sagte Herr Geiergift, »aber das ist vollkommener Mumpitz!«

Der Angesprochene hob die Brauen. »Nein, nein. Es ist wahr. Ich habe die unheimliche Erscheinung mit eigenen Augen gesehen.« Er deutete auf den Zugang zum eigentlichen Ausstellungsraum, einen offenen Türrahmen. »Da drüben hat sie geschwebt, Herr Geiergift. Sie kam von rechts und waberte dann nach links weiter, wo sie prompt durch die Wand flog und verschwand.«

Direktor von Schlotterfest strich sich über das Kinn. »Hmmm«, machte er grüblerisch. »Ein Gespenst, ja? Das wäre ungewöhnlich. Es gibt zwar durchaus Geister in dieser Gegend, das legen viele alte Eifellegenden nahe …«

»Herr Direktor«, sagte Lehrer Geiergift streng und nickte warnend in Richtung seiner Klasse.

»Ach ja, richtig. Entschuldigung.« Von Schlotterfest straffte die Schultern. »Also, es gibt selbstverständlich überhaupt keine Geister, Feuersteyn. Nicht hier und auch nirgendwo sonst. Ganz und gar niemals nicht. Das weiß ja schließlich jedes Kind, nicht wahr?«

Elias sah Lena an. Er wusste genau, was hier gespielt wurde: Die beiden Erwachsenen aus Krähenfels wollten lügen, damit die Klasse keine Angst bekam. Bei den anderen Schülern schien dies auch zu wirken. Aber er und seine Schwester wussten es besser.

Einmal mehr musste Elias an die Sage der Teufelsschlucht denken. Wenn ein Satan diese Gegend nach seinen Wünschen geformt hatte, war es dann wirklich so weit hergeholt, dass es hier spukte? Wieder fröstelte der Junge, obwohl die Nacht eigentlich schön warm war. An die bevorstehende Prüfung, die ihn seit Tagen ängstigte, verschwendete er keinen Gedanken mehr.

Lena nickte in Richtung des Fotoapparats. »Und dieser Geist ist jetzt da drauf?«, fragte sie die Erwachsenen kurzerhand. »Als Bild, das Sie geschossen haben?«

Fridbert Feuersteyn nickte eifrig. »Oh ja. Deswegen habe ich ja so geschrien. Weil es tatsächlich passiert ist. Weil es mir tatsächlich gelang. Wer hätte gedacht, dass man Geister fotografieren kann?«

»Das kann man nicht«, sagten von Schlotterfest und Geiergift gleichzeitig. Dann sah der Direktor den Leiter des kleinen Naturparkzentrums bedauernd an und fuhr fort. »Mein lieber Feuersteyn, Geister sind viel zu schnell für ein Foto. Sie erscheinen ja wie aus dem Nichts. Und sie sind in der Regel durchsichtig. Niemand kann vorhersagen, wann und wo sie sich zeigen. Deshalb kann sie auch niemand fotografieren. Leider.«

Der dicke Mann aus der Teufelsschlucht schüttelte den Kopf. »Dat ass en Irrtum, Hilarius. Mer kahn. Wenn mer weeß, winnieh un wuh.«

Man kann, übersetzte Elias in Gedanken. *Wenn man weiß, wann und wo.*

»Soll das etwa heißen, Sie wussten im Voraus, dass hier ein Geist vor Ihre Kameralinse kommen würde?« Lena wirkte sehr skeptisch. »Sie kannten den Ort und die Uhrzeit vorher schon?«

Elias schüttelte den Kopf. Das klang tatsächlich äußerst unglaubwürdig.

Doch Herr Feuersteyn zögerte nicht. Voller Eifer nahm der dicke Museumsleiter die Kamera von ihrem dreibeinigen Stativ. Er drückte zwei, drei Knöpfe auf ihrer Rückseite, dann hielt er Lena und den anderen das dort befindliche Display hin.

Und Elias Schäfer sah einen Geist!

Es war nicht der Ritter vom Weinfelder Maarufer. Es war überhaupt kein Ritter. Doch auch wenn Elias die durchsichtige, leuchtende Gestalt nicht kannte, die dort auf dem Foto durch Feuersteyns Naturparkzentrum schwebte, so war sich der Junge in einem sicher: Sie war echt.

Das Gespenst trug altmodische Kleidung. Es sah aus wie ein Bauer aus einem früheren Jahrhundert: schmutzige Stiefel, schmutziges Gesicht, eine Weste aus grober Wolle über einem vor Dreck nur so strotzenden Hemd. Man konnte die Wände und Möbel durch den Leib des Gespenstes hindurchschimmern sehen. Der Bauer sah nicht nach rechts und links. Er schien das Museum gar nicht wahrzunehmen.

Für ihn ist das Haus gar nicht da, kombinierte Elias. *Denn er kennt diese Gegend nur so, wie sie zur Zeit seines*

Lebens aussah, und damals stand hier noch kein Naturpark-
zentrum.

Phillip stieß einen leisen, anerkennenden Pfiff aus. Lena sah hingegen zu von Schlotterfest. »Herr Professor?«, fragte sie ihn.

Der Schulleiter nahm den Fotoapparat in beide Hände. Schweigend und ganz schön lange betrachtete er die Aufnahme. Seine Miene blieb dabei völlig ausdruckslos. Nach einer gefühlten kleinen Ewigkeit ließ er den Apparat wieder sinken, dann sah er zuerst zu Geiergift und danach zu Herrn Feuersteyn.

»So, so«, sagte er seufzend. »Das hätte ich nicht gedacht. Mein guter Kollege Geiergift, bringen Sie die Kinder bitte zurück zum Lagerfeuer, ja? Sie sollen ihre Sachen packen, wir brechen in wenigen Minuten auf.«

»Was?«, staunte Elias. »Wohin denn?«

Doch die Erwachsenen ignorierten ihn. Geiergift fing an, die Klasse aus dem Haus zu scheuchen. Elias verstand: Der Direktor wollte nicht, dass die anderen Schüler hörten, was er und der Mann vom Museum in der Teufelsschlucht zu besprechen hatten.

Irgendwie gelang es Lena und Elias aber, länger als die anderen Schüler im Raum zu bleiben. »Herr Professor?«, fragte Lena leise, als sie sicher war, dass nur er, Elias und Herr Feuersteyn sie noch hörten. »Was ist denn? Was sehen wir da auf diesem Foto?«

Der Schulleiter schenkte ihr einen wissenden Blick. »Genau das, was mein Freund Feuersteyn sagt, fürchte ich«, antwortete er ernst. »Ein Gespenst.«

»Und ist das schlimm?«, hakte Elias nach. Dann schluckte er trocken.

Doch von Schlotterfest schüttelte den Kopf. »Ich weiß es nicht, Elias«, sagte er, und es klang sehr traurig. »Im Moment weiß ich leider kaum noch etwas.«

Das zu hören, erschreckte Elias Schäfer mehr als alles andere in dieser Nacht.

~

Kapitel 3
Von Geistern, Sternen und einer wandernden Burg

»In Ordnung, alles hergehört!« Herr Geiergift klatschte in die Hände und sah seine Klasse streng an. »Wir lernen auf die herkömmliche Weise für unsere Prüfung: aus Büchern, nicht vor Ort in der Schlucht. Der Ausflug endet jetzt und hier. Stellt euch daher bitte umgehend in Zweierreihen auf, verstanden? Ganz ordentlich und ruhig. Und dann …«

»Sparen Sie sich die Mühe, Herr Kollege«, unterbrach Direktor von Schlotterfest ihn. »Das Internat steht ja gleich dort vorn.«

Lena, Elias und die übrigen Schüler sahen sich verwirrt an. Sie standen an den Resten ihres Lagerfeuers, allesamt mit neuen Fackeln bewehrt. »Gleich da vorn?«, wiederholte Lena. Das war doch völliger Unsinn. Ihre Klasse hatte eine knapp einstündige Busfahrt hinter sich bringen müssen, um die Teufelsschlucht zu erreichen. Also war es nur logisch, dass sie für die Rückreise nach Burg Krähenfels ebenfalls eine Stunde mit dem Bus fahren mussten. Oder etwa nicht?

Und einen Bus sah Lena hier weit und breit nirgends.

Direktor von Schlotterfest ging trotzdem einfach los. Schweigend und grüblerisch verließ er den Zeltplatz und näherte sich dem Waldrand. Dann verschwand er im Dunkeldickicht der Bäume und Sträucher.

»Ihr habt den Herrn Direktor gehört, Kinder«, sagte Herr Geiergift streng. »Ihm nach, und zwar ganz ordentlich in Zweierreihen. Niemand geht verloren, klar?«

Vollkommen verwirrt gehorchten die Schüler. Lena, die Elias' Hand hielt, schüttelte den Kopf. »Wir gehen zu Fuß?«, flüsterte sie. »Bis nach Krähenfels? Das wird doch Tage dauern!«

Doch Elias legte plötzlich die Stirn in Falten. »Warte mal«, wisperte er. »Hieß es nicht, Burg Krähenfels stehe immer da, wo sie gerade gebraucht würde?«

Lena schnaubte spöttisch. »Ja, klar. Eine Burg, die quer durch die Eifel wandert. Du hast vielleicht Ideen, Hohlbirne!«

»Das hat von Schlotterfest doch selbst gesagt«, hielt er dagegen. »Damals, als wir auf der Burg ankamen. Erinnerst du dich? Er sagte, niemand könnte Krähenfels finden, weil Krähenfels immer woanders sei. Man findet die Burg nur, wenn die Burg es will.«

»Das war ein Scherz, Elias!«, schimpfte Lena leise. »Was denn sonst? Der Direktor wollte uns damit ein bisschen beeindrucken – und bei dir ist ihm das offensichtlich auch gelungen.«

»Ein Scherz?« Nun war es Elias, der den Kopf schüttelte. »Da wäre ich mir nicht so sicher.«

Inzwischen hatten auch sie den Wald betreten. Im Schein ihrer Fackeln konnte Lena die dunklen Bäume sehen, den weichen Waldboden, die moosbewachsenen Felsen. Ein leuchtendes Augenpaar in einigen Metern Abstand wies auf ein Rehkitz hin; die Schulklasse störte es wohl gerade beim Nachtspaziergang. Und irgendwo oben in den Wipfeln hatte die Eule wieder zu heulen begonnen.

Doch die Erwachsenen hatten keinen Blick für die Schönheit der nächtlichen Natur. Von Schlotterfest und Herr Feuersteyn gingen schweigend voraus, und Knut Geiergift bildete das ebenso schweigsame Schlusslicht der ungleichen Prozession. Niemand sagte ein Wort. Nicht einmal Pikrit, dessen Anwesenheit ein sanfter Schwefelgestank verriet, machte einen Mucks.

Nach vielleicht zwei Minuten völliger Stille sah Lena plötzlich ein Licht vor sich in der Dunkelheit. Dann gesellte sich ein zweites hinzu, ein drittes. Warm und freundlich.

Licht, wie es aus den Fenstern eines hell erleuchteten Hauses strahlte. Besser gesagt: aus den Fenstern einer Burg.

»Das glaub ich jetzt nicht«, murmelte das Mädchen.

Knapp ein halbes Dutzend Meter vor Lena und den anderen befand sich eine breite Lichtung – mitten in der Teufelsschlucht. Und mitten auf der Lichtung stand Burg Krähenfels, als wäre sie noch nie woanders gewesen.

Lena blieb so abrupt stehen, dass Mehtap ihr in den Rücken lief. »Hoppla«, keuchte die.

»Wie lange gehen wir jetzt schon?«, murmelte Lena.

Das Mädchen mit den schwarzen Locken hob die Schultern. »Zwei, drei Minuten, würde ich sagen. Unser Zeltplatz ist gleich da hinten.«

»Und unsere Schule ist gleich da vorn?« Lena deutete vor sich. Fassungslos sah sie zu Burg Krähenfels. »Das ergibt doch gar keinen Sinn!«

Elias ließ seine Schwester los und kratzte sich am Hinterkopf. »Sie ist immer da, wo sie gebraucht wird, Lärma«, wiederholte er leise. »Das hier beweist es. Die Burg erscheint, wo immer Eifler Legenden zum Leben erwachen. Und dann gehörig für Probleme sorgen, versteht sich.«

Auch die übrigen Schüler staunten nicht schlecht. Direktor von Schlotterfest und Herr Geiergift öffneten das breite Burgtor. Dahinter kamen die anderen Lehrer des Internats zum Vorschein: der gemütliche Bartholo B. Butterball, die knochentrockene Eusebia Dolores Schipanelli;

sogar der wortkarge Hausmeister mit den spitzen Ohren, den alle nur Herrn Grmpf nannten, stand in der Gruppe. Trotz der späten Stunde waren sie auf dem Burghof versammelt, als hätten sie fest mit der baldigen Rückkehr ihrer Ausflügler gerechnet.

»Herr Direktor?« Eusebia Schipanelli trat vor. Sorgenvoll wandte sie sich an von Schlotterfest. »Die Burg, Herr Direktor. Sie … Sie wurde offensichtlich gerufen und …«

»Ich weiß, meine Liebe«, unterbrach er sie sanft. »Ich weiß es.« Dann sah er zu Geiergift und den Schülern. »Wir haben es alle gesehen: Burg Krähenfels steht heute Nacht inmitten der Teufelsschlucht. Sie wissen, was das bedeutet, liebe Kolleginnen und Kollegen. Es gibt hier Arbeit für uns. Die sagenhafte Eifel hat uns hergerufen.« Er nickte nachdenklich. »Herr Geiergift, bitte schicken Sie Ihre Schüler auf die Zimmer. Der Campingausflug ist fürs Erste beendet, fürchte ich, und sie haben schon viel zu viel gesehen.«

Zu Lenas Verblüffung murrte niemand. Ihre Mitschüler folgten artig den Anweisungen, die Geiergift und die übrigen Lehrer gaben, und trollten sich nach und nach auf ihre Zimmer. Abermals gelang es ihr und Elias, zu den Letzten zu gehören, die den Hof verließen.

»Und was machen Sie, Herr Direktor?«, fragte sie von Schlotterfest.

Der Mann im Nachthemd drehte sich zu ihr um. Ihre vorlaute Art schien ihn kein bisschen zu stören. »Ich?« Er griff nach Herrn Feuersteyns Fotoapparat und schaltete ihn ein. Das Licht des Displays spiegelte sich auf seinem Monokel. »Ich schaue mir dieses Gespensterfoto unten im Labor mal genauer an. Die Teufelsschlucht hat uns hergerufen, Lena. Und ich will herausfinden, warum.«

Sie wusste nicht, woher sie den Mut nahm. Um ehrlich zu sein, merkte sie erst, dass sie immer noch redete, als sie ihre Stimme hörte. »D… Darf ich Ihnen dabei helfen?«

Überrascht hob von Schlotterfest die Augenbrauen. Dann schmunzelte er allerdings. »Nein, aber danke für das Angebot«, antwortete er freundlich. »Geh schlafen, Lena. Geht alle schlafen. Eure Lehrer kümmern sich schon um den Rest.«

Lena und Elias traten ins Burginnere und machten sich auf den Weg zu ihren Zimmern. Doch obwohl Lena mit einem Mal hundemüde war, hallten von Schlotterfests Worte noch lange in ihr nach. Und sie weckten Zweifel.

Das Bett war warm und weich und absolut himmlisch bequem. Trotzdem lag Elias wach.

»Phillip?«, sagte er in die Stille des Raumes hinein. »Schläfst du schon?«

Über ihm, in der oberen Etage des Hochbettes, ließ jemand ein tiefes Seufzen hören. »Wasisn?«, murmelte Phillip verschlafen.

Elias schluckte. »Hab ich dich geweckt?«

Ein sommersprossiges Gesicht, erhellt vom Schein des vor dem Fenster schwebenden Mondes, erschien am Rand des oberen Bettes und gähnte prompt. Phillips Haare standen in alle Richtungen ab. »Ist was?« Dann stutzte er. »Puh, was stinkt denn hier so?«

Elias schnupperte, konnte aber nichts bemerken. »Phillip?«, kam er deswegen zurück zum eigentlichen Thema. »Sag mal …«

Sein Freund begriff sofort. »Du denkst doch hoffentlich nicht immer noch über diese Teufelgeschichte vom Lagerfeuer nach.«

Nun war Elias derjenige, der seufzte.

»Mensch, Eli«, schimpfte Phillip. »Das war nur eine Legende, du Traumtänzer. Eine Gruselgeschichte, mit der Geiergift uns den Schlaf rauben wollte. Weiter nichts.«

»Ich weiß«, sagte Elias, doch seine Stimme wurde immer leiser. »Aber … Na ja. Was, wenn nicht? Was, wenn die Burg hier steht, weil der Teufel hier umherspukt? Der leibhaftige Teufel!«

»Jetzt mach aber mal 'nen Punkt!« Phillip schüttelte den Kopf. »Ich fasse es nicht. Elf Jahre alt, und hat Angst vor Gruselgeschichten. Noch dazu vor welchen, die der olle Geiergift erzählt. *Geiergift!*«

Elias verstand Phillip gut. Doch im Gegensatz zu seinem Freund wusste er, wie viel Wahrheit hinter mancher Eifler Legende stecken konnte.

»Na, wenn du unbedingt willst, dann bleib halt wach«, sagte Phillip. »Ich aber nicht. In vier Stunden gibt's Frühstück, und vorher haben diese Schule und ich nichts miteinander zu tun.« Sprach's, gähnte abermals, und dann verschwand sein Gesicht wieder. Wenige Sekunden später hörte Elias ihn leise schnarchen.

Der hat's gut, dachte er und zog sich die Bettecke bis ans Kinn. Natürlich glaubte auch er nicht an Geiergifts Geschichte vom Lagerfeuer. Zumindest bei Tag nicht. Nachts, wenn man nicht schlafen konnte, neigten Gruselgeschichten allerdings dazu, groß und größer zu werden. Fürchterlicher. Dann sah man überall Gespenster, obwohl da gar keine waren. Dann roch man den Schwefelgestank der Hölle, obwohl man ihn sich nur einbildete.

Elias gähnte. Und stutzte.

Dieser Gestank! Auf einmal roch Elias ihn auch. Ein ganz übler Duft nach faulen Eiern und ungewaschenen Socken wehte durch das kleine Zimmer. Wo kam der denn her?

Eisige Schauer zogen über Elias' Rücken. Er wagte kaum, sich zu bewegen. War der Teufel etwa schon hier? In seinem Zimmer?

Er wollte gerade Licht machen und nach der Quelle des Gestanks suchen, da sprang diese auf seine Bettdecke und wurde sichtbar! Pikrit, das Vulkanteufelchen, war in dieser Nacht ebenfalls hellwach – und offensichtlich hatte es sich unbemerkt zu den beiden Jungs geschlichen. Pikrit hatte die Augen weit aufgerissen, und seine Miene war sorgenvoll.

Elias staunte. »Pik.« Er brauchte einen Moment, den Namen zu flüstern, denn Pikrit war ihm mitten auf den Bauch gesprungen, und für ein paar Sekunden hatte der Junge Mühe, zu atmen. Außerdem dauerte es ein wenig, bis der Schreck nachließ. »Was machst du denn hier? Ist etwas passiert?«

Der Lavaat zitterte leicht. Ein tiefes Brummen drang aus seinem Mund.

Elias setzte sich auf. Er schwang die Beine über die Bettkante und legte seinem kleinen Freund einen Arm um die steinernen Schultern. »He«, flüsterte er. »He, Pik, was ist denn los?« Allmählich machte er sich wirklich Sorgen.

»Teuuuufeeeell!«, raunte Pikrit mit seiner kratzigen Ofenrohrstimme. Dabei sah er Elias an, mit wissendem, warnendem Blick. »Teeeuuufeeeeell!«

Der Junge bekam schon wieder eine Gänsehaut. Sein Mund wurde trocken, seine Handflächen feucht vor Schweiß. »Was sagst du?«, hauchte er.

Pikrit hob die zitternde Hand und deutete auf Elias' Brust. »Du«, antwortete er, als wäre damit alles gesagt.

Das genügte. Elias verstand zwar nicht genau, was der Lavaat ihm sagen wollte, aber er glaubte zu wissen, worum

es dem verängstigten Kleinen ging. Und er traf einen Entschluss. »Komm«, sagte er leise und stand auf. Seine blanken Fußsohlen stapften über den kalten Zimmerboden. »Komm mit, Pik. Wir suchen Lena.«

Sein nächtlicher Gast brauchte keine zweite Einladung. Freudig und, wie Elias glaubte, erleichtert sprang Pikrit von der Bettkante und folgte ihm hinaus auf den Korridor. Phillip, der von alldem nichts mitbekommen hatte, schlief friedlich weiter.

Das Internat Krähenfels war um diese späte Stunde natürlich vollkommen still. Niemand bewegte sich auf den Fluren und Treppen, nirgends brannte mehr ein Licht. Einzig in der kleinen Bibliothek, einem Nebengebäude draußen auf dem Burghof, konnte Elias das Flackern von Kerzenschein sehen. Vermutlich saßen die Lehrer und Herr Feuersteyn dort und untersuchten dieses seltsame Geisterfoto. Elias und Pikrit warfen der Bibliothek, die sie im Treppenhaus durch ein Fenster sehen konnten, nur einen beiläufigen Blick zu. Dann zogen sie weiter, mucksmäuschenstill und unbemerkt.

Die Zimmer der Mädchen lagen in einer anderen Ecke des alten Gemäuers. Elias kannte den Weg natürlich. Dennoch kam es ihm in dieser Nacht vor, als sei er weiter als sonst. Waren das wirklich schon immer drei Treppen gewesen? Er hätte geschworen, es wären nur zwei. Und bildete er sich das nur ein – und es musste Einbildung sein, ganz klar! –,

44

oder verschluckte Lenas Tür das Geräusch, das seine dagegen klopfende Hand erzeugen wollte?

Fragend sah er Pikrit an, doch der kleine Lavaat zuckte nur mit den Schultern.

Elias griff kurzerhand nach der Klinke und öffnete die Tür. Lenas Zimmer lag in völliger Dunkelheit. Die Vorhänge waren zugezogen, und alles war vollkommen ruhig. Für einen Moment glaubte der Junge, er habe sich in der Tür geirrt. Dann hörte er aber ein leises Rascheln. Das musste Lena sein, die sich im Schlaf umdrehte.

»Komm«, wisperte er Pikrit zu und trat ein.

Mit wenigen Schritten waren die ungleichen Freunde an Lenas Bett angekommen. Sie mussten eigentlich nicht leise sein, denn Lena hatte das Zimmer für sich allein. Dennoch flüsterte Elias. »Lärma? He, Lärma!«

Nichts geschah. Seine Schwester lag rücklings im Bett, die Decke mit dem Ponymuster bis ans Kinn hochgezogen. Sie schlief tief und fest, und ein leises Lächeln lag auf ihren friedlichen Zügen.

Elias rüttelte sie an der Schulter. »Lärma! Hallo!«

Plötzlich riss Lena die Augen auf. Sie fuhr aus dem Bett hoch und sah sich erschrocken um. Als ihr Blick auf Elias und Pikrit fiel, verzog sie das Gesicht. »Das ist jetzt nicht euer Ernst, Leute!«, drohte sie knurrend.

»Pikrit hat Angst«, erklärte Elias, als beträfe das *nur* Pikrit. »Und außerdem …«

»Außerdem ist es drei Uhr morgens«, unterbrach sie ihn. Dabei warf sie dem Lavaat einen schnellen, fragenden Blick zu. »Ich will schlafen, Hohlbirne!«

»Die Lehrer sind alle unten in der Bibliothek«, sagte er, und es klang fast wie eine Entschuldigung. »Glaube ich. Und … Und … Pik springt auf mein Bett und erzählt von einem Teufel, und …«

Lena ließ den Kopf sinken, dann die Schultern. Ihr Zorn verwandelte sich kurz in so etwas wie spöttische Belustigung. Doch als sie den Kopf wieder hob, war sie ganz bei der Sache. »In Ordnung«, sagte sie, mit einem Mal hellwach. »Gebt mir meine Pantoffeln, dann schleichen wir uns runter. Mich würde nämlich auch interessieren, was Direktor von Schlotterfest und die anderen zu besprechen haben.«

~

Kapitel 4
Eine Zeitmaschine namens Sibylle

»Mein lieber Feuersteyn«, drang Direktor von Schlotterfests Stimme durch das offene Fenster der Schulbibliothek. »Das ist vollkommen unmöglich.«

Lena, Elias und Pikrit kauerten auf dem Schulhof, gleich unterhalb des Fensters, und lauschten aufmerksam. Niemand hatte bemerkt, dass sie gekommen waren. Und tatsächlich schienen sich alle Erwachsenen, die Lehrer und der Museumsleiter, im Inneren des kleinen Nebengebäudes aufzuhalten. Trotz der späten Stunde.

»Wie ich Ihnen schon in der Teufelsschlucht sagte, Herr Professor«, erwiderte Feuersteyn nun. »Es *ist* möglich. Ich wusste vorher schon genau, wann und wo der

Geist erscheinen würde. Deshalb konnte ich mein Foto schießen.«

»Aber woher?«, hakte eine Frauenstimme nach, scharf und tadelnd zugleich. Das konnte nur Frau Schipanelli sein. »Haben Sie eine Zeitmaschine erfunden, Herr Feuersteyn?« Die Frage war klar spöttisch gemeint, aber niemand lachte.

»Nein«, antwortete der Leiter des Naturparkzentrums. »Ich …« Dann seufzte er. »Ich interessiere mich seit langem schon für Gespenster, wissen Sie? Das ist gewissermaßen mein Hobby. Andere Leute sammeln Briefmarken oder Münzen, ich bin von Geistern fasziniert. Jahrelang versuche ich bereits, einen Geist mit meiner Kamera abzulichten. Und ich weiß, dass die Eifel der perfekte Ort dafür ist, denn wo sonst gibt es so viele unheimliche Geschichten?«

»Sagen und Legenden«, korrigierte von Schlotterfest ihn. »So heißt das, Feuersteyn. Es sind Legenden, keine Gruselgeschichten.«

Der dicke Mann stimmte zu. »Na, jedenfalls kam mir irgendwann eine Idee. Eine dieser Sagen spielt nämlich gleich neben meiner geliebten Teufelsschlucht. Und ich dachte mir, sie könnte mir von Nutzen sein.«

»Inwiefern?«, erklang die müde wirkende Stimme von Herrn Butterball. Der stets friedliche Lehrer sehnte sich hörbar nach seinem warmen Bett. »Welche Sage soll das sein?«

Doch es war nicht Feuersteyn, der antwortete, sondern Herr Geiergift. »Die vom Fraubillenkreuz«, sagte der Lehrer. Er schien die ganze Sache plötzlich zu verstehen. Und wie man deutlich hören konnte, gefiel sie ihm kein bisschen. »Die von der Sibylle nahe Bollendorf. Richtig, Feuersteyn?«

Lena und Elias wechselten einen Blick. Beide waren absolut ratlos. Pikrit, der sich Trost suchend an Lena gekuschelt hatte, war inzwischen eingeschlafen und ebenfalls keine Hilfe.

Feuersteyn schwieg. Vermutlich hatte er soeben reumütig genickt, statt zu sprechen.

»Die Sibylle also«, sagte von Schlotterfest. Es klang resignierend und ziemlich unzufrieden. »Mein lieber Feuersteyn, was sind Sie doch für ein Narr!«

»Ich wollte die Zukunft wissen, Herr Professor«, rechtfertigte sich der Museumsleiter. »Und laut der Legende erfährt man sie an diesem Ort der Eifel. Vom Kreuz selbst.«

»Kann mir bitte kurz jemand erklären«, sagte Herr Butterball freundlich – und mit einem herzhaften Gähnen in der Satzmitte –, »was es mit diesem Ort neben der Schlucht auf sich hat? Ich fürchte, ich kenne ihn nicht.«

»Das Fraubillenkreuz ist ein Kreuz aus massivem Stein«, wusste der Direktor. »Es steht an einer unbefestigten Straße nahe Bollendorf und Ferschweiler, also im Grunde gleich neben der Teufelsschlucht. Mitten im freien Gelände, umgeben nur von der Natur. Und es ist alt, Kollege Butterball.

Sehr, sehr alt. Glaubt man einer alten Eifler Sage, dann lebt eine Sibylle in diesem Kreuz – daher auch dessen Name. Wenn man das Ohr an den Stein legt und ganz genau lauscht, dann kann man sie angeblich hören. Und manchmal verrät sie einem die Zukunft.«

»So ist es«, bestätigte der Museumsleiter. »Ich kenne diese Geschichte … Verzeihung: diese Legende schon seit meiner Kindheit. Aber ich habe sie nie geglaubt, Herr Professor. Nie. Doch irgendwann … Ich *wollte* es einfach glauben, verstehen Sie? Für mein Hobby! Falls es diese Sibylle wirklich gab und sie die Zukunft kannte, so dachte ich, dann würde sie mir doch sicher sagen, wann und wo ich einem Geist begegnen könnte. Um ihn zu fotografieren. Also ging ich eines Tages raus zum Fraubillenkreuz und hielt mein Ohr gegen den Stein.«

»Der Mensch ist nicht dafür gemacht, seine Zukunft zu kennen«, tadelte Frau Schipanelli. »Das ist unnatürlich und sehr, sehr ungesund.«

»Ich wollte doch nur einen Geist sehen«, rechtfertigte sich der Museumsleiter ein wenig zerknirscht.

Von Schlotterfest kam zurück zum Thema. »Was genau haben Sie gehört, Feuersteyn? Was geschah, als Sie am Kreuz standen und lauschten?«

Der Wald lebte, und er machte kein Geheimnis daraus. Vögel zwitscherten fröhlich, Wind brachte die Baumwipfel zum Rauschen, und in der Ferne konnte Fridbert Feuersteyn sogar das leise Röhren einer Motorsäge vernehmen. Forstarbeiter waren irgendwo dort in den Waldestiefen zugange und fällten einen abgestorbenen Baum, bevor er von allein umfallen und andere, gesunde Bäume schädigen konnte.

Also dann, dachte Feuersteyn und versuchte, die Geräusche allesamt auszublenden. *Legen wir los.*

Kritisch betrachtete er das Fraubillenkreuz. Was genau tat er hier eigentlich? Er war doch ein erwachsener Mann. Er hatte viel in seinem Leben gelernt, viel gemeistert. Niemand konnte ihn für dumm verkaufen. Und dennoch stand er hier, im Rot der untergehenden Eifler Sonne, und jagte einem alten Ammenmärchen hinterher.

Feuersteyn schnaubte leise. Irgendwie konnte er selbst kaum fassen, was er zu tun beabsichtigte. Es war absolut lächerlich. Es war kindisch. Genauso gut könnte er an den Osterhasen glauben oder Plätzchen für Knecht Ruprecht auf die Fensterbank legen.

Trotzdem war er hier, am Fraubillenkreuz gleich neben den kleinen Orten Bollendorf und Ferschweiler. Gleich neben seiner geliebten Teufelsschlucht.

Das Kreuz war aus massivem Stein und etwa dreieinhalb Meter hoch. Es wirkte schwer und ganz schön imposant – auch, weil Wind und Wetter vergangener Jahrhunderte sichtbare Spuren an ihm hinterlassen hatten. Es stand ein wenig schief, und Feuersteyn kam es vor, als gehöre es genauso zum Wald wie die Büsche und Bäume ringsherum. Als sei es längst ein fester Bestandteil der hiesigen Natur geworden. Es gab viele Orte in der Eifel, die diesen Eindruck erweckten. Auch das gefiel ihm an der Region.

Ein letztes Mal sah Feuersteyn sich um. Beobachtete ihn auch niemand? War da keiner, der sich über ihn lustig machte, wenn er nun das Ohr an den Stein legte? Doch der Waldweg war absolut menschenleer.

Beruhigt trat der dicke Museumsleiter näher. *Also dann,* dachte er wieder. Mit einem Mal fielen ihm all die Geschichten ein, die er in Kindertagen schon erzählt bekommen hatte. Dass eine alte Frau in dem Kreuz wohne. Dass man ihr Spinnrad hören könne, wenn man sich genug konzentriere und richtig stark anstrenge. Dass die Frau die Zukunft wisse und sie manchmal – nur manchmal! – auch verrate.

Feuersteyn glaubte nicht an Märchen. An diesem einen Tag machte er allerdings eine Ausnahme.

Der Stein war eiskalt, als Feuersteyn das Ohr dagegenpresste. Kalt und rau und alles andere als zauberhaft. Der dicke Museumsleiter stand so dicht am Fraubillenkreuz, als wollte er es in den Arm nehmen, und hielt vor lauter Konzentration die Luft an. Lauschte.

Nichts geschah. Natürlich nicht. Es war ja nur eine Sage. Etwas, das alte Eifler sich erzählten, wenn sie einander das

Gruseln lehren wollten. Die *konnte* gar nicht wahr sein. Feuersteyn wartete zehn Sekunden lang, dann noch mal zehn und danach sogar zehn weitere. Daraufhin seufzte er.

»Es hat keinen Sinn«, murmelte er, als er das Ohr wieder vom Stein nahm. »Es gibt keinen Zauber im Fraubillenkreuz. Ich bin ein alter Träumer, das ist alles.«

Und er stutzte. Mit einem Mal war der Wald nämlich totenstill. Nichts drang mehr an Feuersteyns Ohren, absolut gar nichts. Die Vögel waren verstummt, die Säge schwieg, sogar der Wind schien den Atem anzuhalten. Die Stille wirkte absolut unnatürlich.

Ein kalter Schauer lief Feuersteyn über den Rücken. Der Museumsleiter schluckte trocken, und seine Handflächen waren plötzlich schweißfeucht. Irrte er sich, oder …?

Er versuchte es! Abermals legte er den Kopf an das Kreuz am Wegesrand und drückte sein Ohr gegen den kalten Stein.

Da! Ein leises Surren, ganz eindeutig. Feuersteyn hörte es zwar wie aus weiter Ferne, aber er hörte es! Und mit jeder verstreichenden Sekunde wurde das Surren lauter.

Das muss das Spinnrad sein, schoss es ihm durch den Kopf. *Das Spinnrad der alten Sibylle.*

Plötzlich kam er sich sehr allein vor. Aus den Augenwinkeln sah er den Forstweg hinab, aber da war weit und breit niemand. Fast schien es, als sei die Zeit stehen geblieben und Feuersteyn der einzige Mensch, der noch existierte.

»Was mache ich hier?«, hauchte er, gleichzeitig entsetzt und vollkommen fasziniert.

Und eine krächzende Stimme aus dem Stein antwortete ihm! »Du suchst nach Antworten.« Die Stimme klang älter als die großen Bäume, älter als die Eifel selbst. Sie war schwach und doch von einer unheimlichen Stärke durchdrungen. Es lag Weisheit in ihr, aber auch Hinterlist.

Die Sibylle!

Feuersteyn erschrak so sehr, dass er den Kopf zurückzog.

Doch die Frau im Kreuz sprach einfach weiter. »Also?«, sagte sie ungeduldig und neckend zugleich. »Was möchtest du mich fragen? Weshalb störst du meine jahrhundertelange Ruhe?«

Der Museumsleiter leckte sich nervös über die Lippen. Auf einmal fiel ihm nichts mehr ein. Wie ging das mit dem Sprechen noch gleich? Er hatte das doch mal gekonnt!

»Ich warte«, tadelte die Frau im Stein ihn streng. Ihre Stimme wurde mit jeder Silbe fester und härter. »Und ich warte äußerst ungern!«

Das war eine Drohung, ohne jeden Zweifel. Feuersteyn wusste nicht, was die Sibylle mit ihm tun würde, falls er ihr keine Antwort gab, aber er wollte es auch nicht wissen. »Ähm«, kam es endlich aus seinem Mund. »Ähm, ich … Ich …«

»Tritt näher, mein Freund«, forderte die Stimme ihn auf, nun wieder versöhnlicher.

Feuersteyn gehorchte beinahe ohne eigenes Zutun. Im Nu lag sein Ohr wieder am kalten Stein. »Ich suche einen Geist«, quoll die Wahrheit über seine zitternden Lippen. »Ich möchte wissen, wann und wo ich einen finden kann.«

Die Frau lachte eine ganze Weile lang. Ihr Lachen war so kalt wie der Stein, und Fridbert Feuersteyn erschrak zutiefst.

Dann verriet sie ihm die Zukunft.

Nachdem Herr Feuersteyn seinen kurzen Bericht beendet hatte, herrschte Stille in der kleinen Bibliothek der Burg Krähenfels. Keiner der Lehrer sagte ein Wort, doch ihr Schweigen klang streng genug. Streng … und strafend.

Lena sah zu Elias. »Kanntest du die Geschichte?«, wisperte sie.

Ihr Bruder, der neben ihr auf dem Schulhof kauerte, schüttelte den Kopf. »Nie gehört«, gab er leise zurück. »Und was ist überhaupt eine Sibylle?«

Lena wusste es nicht. Ein Frauenname, das ja. Aber vielleicht noch mehr als das?

»Sie haben einen Fehler begangen, mein lieber, törichter Feuersteyn«, ergriff Direktor von Schlotterfest im Inneren des Gebäudes das Wort. Die Erwachsenen wussten offensichtlich noch immer nicht, dass die Zwillinge sie belauschten. »Einen schweren Fehler. Wie Frau Schipanelli schon sagte: Niemand sollte seine Zukunft kennen. Ich rate Ihnen daher dringend, dieses Experiment nie zu wiederholen. Hören Sie? Nie und nimmer!«

Der Direktor war mit jedem Satz lauter und strenger geworden. Das zeigte hörbar Wirkung.

»V… Versprochen, Herr Professor«, erwiderte Feuersteyn nämlich stockend. »Kommt nicht wieder vor. Es … Es war ja auch sehr gruselig, das muss ich zugeben.« Er stutzte. »Äh, und was tun wir jetzt, wenn Sie die Frage gestatten?«

»*Wir* tun gar nichts«, antwortete Frau Schipanelli streng. »*Sie* gehen jetzt nach Hause, schlafen sich aus und vergessen diese ganze elende Geschichte am besten schnell wieder.«

»Und die Sibylle?«, fragte der dicke Mann keuchend.

»Verschwenden Sie auf das Fraubillenkreuz bitte keinen Gedanken mehr«, sagte der Direktor. »Sie wollten einen Geist fotografieren, das ist Ihnen gelungen. Betrachten Sie Ihr Abenteuer damit als beendet, Feuersteyn. Und hören Sie auf meine Kollegin. Vergessen Sie es schnellstmöglich. Es wäre zu Ihrem eigenen Besten.«

»Einverstanden«, sagte Feuersteyn ein wenig ratlos. Es klang fast wie eine Frage. »Wenn Sie das sagen.«

»Das sage ich.«

Schritte folgten, dann hörten Lena und Elias, wie die Tür des kleinen Bibliotheksgebäudes geöffnet wurde. Schnell wichen sie weiter zurück, damit sie niemand bemerkte. Auch den friedlich schlafenden Pikrit zogen sie mit sich. Der winzige Kerl war ganz schön schwer!

Aus ihrer neuen Position in den Schatten der Burggaragen konnten die Zwillinge den Eingang der Bibliothek genau erkennen. Die Tür stand auf, und warmer Kerzenschein fiel über die Schwelle ins Freie. Im Türrahmen stand Direktor von Schlotterfest, noch immer in Nachthemd und Pantoffeln. Neben ihm stand der nächtliche Besuch aus der Teufelsschlucht.

»Gute Nacht, Feuersteyn«, sagte von Schlotterfest. Er klang nun wieder deutlich versöhnlicher, und er klopfte seinem Gast auf die Schulter. »Bleiben Sie gesund, mein Freund. Und vor allem: Bleiben Sie vernünftig.«

Feuersteyn versprach es. Dann – noch immer ein wenig ratlos, aber trotzdem zielsicher – machte er kehrt und verließ den Burghof. Lena sah ihm nach, bis seine Gestalt im Dunkel jenseits des offen stehenden Tors von Krähenfels verschwand.

Der Direktor gähnte herzhaft, trat wieder in die Bibliothek, wo die übrigen Lehrer warteten, und schloss die Tür hinter sich. Was immer die Erwachsenen zu besprechen gehabt hatten, es war vorüber.

Lena warf Elias einen wissenden Blick zu. »Schnell«, sagte sie leise. »Wir müssen zurück ins Haus, bevor die alle rauskommen und uns entdecken.«

Ihr kleiner Bruder nickte. Und stutzte dann. »Aber was machen wir mit ihm?« Er deutete auf den schlummernden Pikrit.

»Na, wir tragen ihn, was sonst?«

Gemeinsam packten sie an. Elias nahm den Lavaat an den Schultern, Lena griff nach seinen Beinen. »Eins«, sagte sie, »zwei, drei!« Dann hoben sie ihn hoch.

Es war, als wäre Pikrit in den vergangenen Sekunden noch ein paar Kilogramm schwerer geworden. Schon nach wenigen Metern stand den Zwillingen der Schweiß auf der Stirn, so sehr mussten sie sich anstrengen. Schritt für Schritt trugen sie ihren kleinen Freund aus den Schatten des Burghofs zu den Schlafzimmern, über Treppen und durch Korridore. Mehrmals mussten sie zwischendurch Pause machen, weil ihnen die Luft wegblieb und die Arme wehtaten. Pikrit schlief einfach weiter.

»Morgen habe ich bestimmt Muskelkater«, sagte Elias keuchend, als sie endlich in seinem Zimmer ankamen. Gemeinsam hievten sie Pikrit auf Elias' Bett.

»Ich hab morgen keine Arme mehr«, erwiderte Lena. Auch sie war ganz schön außer Puste. »Zumindest fühlen die sich an, als würden sie jeden Augenblick abfallen.«

In dem Moment machte Pikrit die Augen auf und grinste. »Schweeeeer«, brummte er fröhlich. »Pik schweeeeer.«

Lena ließ sich ächzend auf den Boden plumpsen, wo sie wie erschlagen sitzen blieb.

Elias sah ungläubig von Pikrit zu ihr. »Du, ich glaub, der hat sich nur schlafend gestellt.«

»Ach was, Hohlbirne«, gab Lena zurück. »Meinst du wirklich?«

Elias, für den Ironie offensichtlich ein Dorf in Böhmen war, nickte. »Ja, wirklich. Hast du uns einen Streich gespielt, Pik?«

Der Lavaat kuschelte sich in Elias' Bettzeug und seufzte wohlig. »Pik müde«, verkündete er.

»Pik Frechdachs«, betonte Lena. Tadelnd sah sie den Lavaat an. »Das trifft es wohl eher. Du kleiner, hinterlistiger Schuft warst einfach nur zu faul, die vielen Treppenstufen selbst zu gehen.«

»Hm?«, erklang plötzlich eine weitere Stimme. Sie kam aus dem oberen Bett und gehörte Phillip. Der Junge mit den Sommersprossen wurde soeben wach. »Wasnjetzschonwieder?«

Sofort machte Pikrit sich unsichtbar. Seinen Geruch konnte er dadurch allerdings nicht verbergen.

Elias hob den Blick. »Haben wir dich geweckt?«, fragte er seinen Freund schnell.

»Als wäre das etwas Neues«, brummte Phillip. Verschlafen stützte er sich auf und blinzelte. Seine Hand tastete nach dem Lichtschalter, fand ihn aber nicht. »Was ist denn hier los?«

»Phillip«, fragte Lena, »was ist eine Sibylle?«

»Was?« Als er begriff, dass auch Lena anwesend war, zog Phillip sich die Bettdecke wieder höher. Die Geste wirkte ziemlich albern. »Na, ein Name, oder?«

»Schon«, gab sie zu und verkniff sich ein Grinsen. »Aber vielleicht noch mehr? Kann Sibylle auch ein Beruf sein?

Eine Gruppenbezeichnung? Ein anderes Wort für Hexe oder Zauberin? Weißt du das zufällig?«

»Moment mal.« Phillip setzte sich auf, von einer plötzlichen Eingebung gepackt. »Zauberin, ja genau. Irgendsowas hab ich mal gelesen. Wie ging das denn gleich? Sibylle … Das war im alten Griechenland, glaube ich. So nannte man damals Frauen, die die Zukunft vorhersagen konnten.«

»Echt?«, staunte Elias.

»Meinst du Prophetinnen?«, hakte Lena nach.

»Prophetinnen!« Phillip nickte. »Das war das Wort, das ich suchte. Sibyllen waren weise Frauen, die den Menschen sagen konnten, was die Zukunft brachte. Manchmal taten sie dies sogar, indem sie den Menschen Rätsel aufgaben.«

»Und so eine griechische Prophetin lebt im Fraubillenkreuz?« Fassungslos sah Elias zu seiner Schwester. »Mitten in der Eifel?«

Lena verstand ihn gut. Die Geschichte klang ziemlich unglaubwürdig. Andererseits hatten er und sie schon aus nächster Nähe erlebt, wie überraschend und geheimnisvoll die Eifel war. »Wenn überhaupt, dann ja wohl hier«, sagte sie wissend. »In der Eifel ist alles möglich, Hohlbirne. Absolut alles.«

»Was sagt ihr?« Phillip hatte den Schalter gefunden und knipste das Deckenlicht des Zimmers an. »Hier gibt es eine Sibylle?«

»Sieht so aus«, bestätigte Elias.

Phillips Miene hellte sich auf. Von Begeisterung gepackt sprang der Junge vom Hochbett auf den Zimmerfußboden. »Aber das ist ja großartig!«, jubelte er. »Eine echte Prophetin. Eine, die uns die Zukunft voraussagen kann! Eli, wir sind gerettet!«

»Hm?« Lenas kleiner Bruder blinzelte verständnislos. »Was meinst du?«

»Na, die Prüfung«, rief Phillip. Er wirkte nun alles andere als müde. »Geiergifts angedrohte mündliche Prüfung über die Teufelsschlucht. Wenn wir diese Sibylle finden und sie uns vorhersagt, welche Fragen der olle Geiergift uns übermorgen stellen wird … Leute, dann bekommen wir alle drei eine Eins!«

~

Kapitel 5
Schummeln für Profis

Der neue Morgen begann hell und warm. Ein angenehmer Wind wehte über die Mauern der Burg Krähenfels, und in der Luft lag das Versprechen eines nahenden Sommers. Elias schob sein Fahrrad aus der Garage im Burghof und sah zu seiner Schwester. »Kommst du jetzt mit oder nicht?«

Lena stand mitten auf dem Hof. Immer wieder sah sie zum Schulgebäude zurück. Doch es war noch früh, noch nicht einmal sechs Uhr, und hinter den Fenstern regte sich nichts. »Du machst einen Fehler, Hohlbirne«, sagte sie zum vermutlich zweihundertsten Mal an diesem Tag. »Warte wenigstens bis nach dem Frühstück.«

»Nach dem Frühstück haben wir Unterricht«, wehrte er ab. »Wenn ich fahren will, dann jetzt. Und ich will!« Er schwang sich aufs Rad.

Lena stellte sich ihm in den Weg. »Du hast Direktor von Schlotterfest doch gehört«, versuchte sie es erneut. »Man darf seine Zukunft nicht kennen. Das wäre nicht gut für dich.«

Er schnaubte. »Eine Sechs bei Geiergift wäre tausendmal schlechter!«

»Außerdem wäre es geschummelt«, kam sie ihm nun mit der Moralkeule. »Du würdest bei der Prüfung betrügen, wenn du die Fragen vorher schon kennst. Das tut man nicht. Wenn du die Prüfung bestehen willst, dann lern gefälligst, anstatt zu schummeln.«

»Jetzt klingst du schon fast wie Papa«, fuhr Elias sie an. »Ich hoffe, du bist stolz auf dich, Lärma. Du wirkst endlich richtig erwachsen.«

»Ha ha«, erwiderte sie grimmig. »Ich will dir helfen, du sturer Dummkopf. Verstehst du das nicht? Ich will verhindern, dass du einen großen Fehler machst. Nein, direkt zwei große Fehler gleichzeitig!«

»Und ich will Geiergifts Unterricht überleben.« Elias hatte genug. Er trat in die Pedale und radelte einfach an Lena vorbei. Das Burgtor stand noch immer offen, und der Wald jenseits der Mauern wartete auf ihn. »Das ist mir wichtiger als alles andere. Und Phillip geht das ganz genauso.«

Er blickte nicht zurück. Trotzig und zielsicher hielt er auf den Waldrand zu, und jede Umdrehung seiner Räder brachte ihn dem Fraubillenkreuz näher. Elias kannte den Weg zu dem alten steinernen Kreuz gut. Er hatte die letzten Stunden der Nacht nämlich damit verbracht, im Internet alles über das Kreuz herauszufinden, was er konnte – natürlich auch dessen genaue Lage.

Kurz vor dem Waldrand hörte er plötzlich ein Klingeln hinter sich. Staunend sah er über seine Schulter. Lena kam ihm hinterher, ebenfalls auf einem Rad. Ihr Blick war eisig.

»Was wird *das* denn?«, fragte Elias, als sie zu ihm aufgeschlossen hatte.

»Na, ich komme mit«, gab sie zurück. »Damit du nicht noch mehr Dummheiten begehst. Einer muss schließlich auf dich aufpassen, Hohlbirne. Und du selbst tust es nicht, das beweist du gerade wieder mehr als deutlich.«

Abermals schnaubte er. Doch tief in seinem Inneren freute er sich über ihre Gesellschaft – auch wenn er es ihr gegenüber natürlich nie zugegeben hätte.

Das Kreuz stand da, wo die Erwachsenen gesagt hatten. Lena sah sich im Wald um. Die Gegend wirkte absolut menschenleer, erst recht um diese frühe Stunde. Der Waldweg war verlassen, und abgesehen vom Zwitschern der Vögel und dem leisen Frühlingswind konnte sie nichts hören.

»Da wären wir also«, sagte Elias. Auch er hatte vor dem Kreuz angehalten. Er wirkte nachdenklich – fast so, als bekäme er nun, da er am Ziel seines haarsträubenden Plans angelangt war, doch Muffensausen. »Hier hat Herr Feuersteyn die Zukunft erfahren.«

»Und so schnell traut der sich nicht wieder her«, meinte Lena. »Dem war das ganze Erlebnis echt unheimlich, Hohlbirne. Das hat er selbst zugegeben, letzte Nacht. Also? Sei vernünftig, Elias. Mach jetzt keinen Unsinn.«

Doch genau das wollte ihr Bruder *nicht* hören. »Fängst du schon wieder an?« Er stieg vom Rad und lehnte es an einen Baumstamm. »Du hättest daheim bleiben können. Beschwere dich jetzt nicht bei mir, weil du mitgekommen bist. Du wusstest genau, warum ich hierhin wollte.«

Bevor Lena etwas sagen konnte, war Elias beim Kreuz aus Stein. Das Fraubillenkreuz war größer als er, und es wirkte älter als die Ewigkeit. Dreck und Erdreich knirschten unter Elias' Schuhsohlen, als er es langsam umrundete und von allen Seiten anschaute.

Seufzend stieg auch Lena ab und kam zu ihm. Vorsichtig legte sie eine Hand auf den Stein. Er war kalt und rau, aber nichts daran kam ihr besonders sagenhaft vor. »Wer das Kreuz hier wohl aufgestellt hat?«, murmelte sie. »Vielleicht die Bewohner der umliegenden Dörfer, vor langer Zeit? Vielleicht war ihnen diese Stelle hier draußen im Wald irgendwie wichtig. Oder sogar heilig. Was meinst du?«

»Kann sein.« Elias klang nicht sonderlich interessiert. »Im Netz stand wenig über die Geschichte des Kreuzes. Es könnte schon zwölfhundert Jahre alt sein, hieß es irgendwo. Aber bewiesen ist das wohl nicht.«

Zwölfhundert Jahre. Lena nickte langsam. Das war eine Ewigkeit, oder etwa nicht? Die Welt hatte sich seitdem bestimmt gehörig verändert. Ganze Königreiche, Länder, Regierungen und Gesetze waren seitdem entstanden und wieder zugrunde gegangen. Nur hier draußen im Wald merkte man das kaum. Vielleicht war auch das ein Grund, warum Leute wie Direktor von Schlotterfest den Eifler Forst so liebten: Er hatte etwas Beständiges. Er wirkte größer als alle Sorgen der Menschen. Er war ruhig und gab einem das Gefühl, dass sich alles irgendwie schon wieder einrenken würde. Weil selbst die größten Probleme vergänglich waren – anders als der Wald.

»Bist du bereit?«, riss Elias sie aus ihren Grübeleien.

Lena sah auf. »Hm?«

Ihr Bruder hatte sich breitbeinig vor dem Kreuz aufgebaut. Er war ein wenig blass um die Nase, aber offenbar zu allem entschlossen. Seine Hände ruhten bereits auf dem Stein. »Ob du bereit bist«, wiederholte er. »Für die Sibylle.«

»Das fragst du mich?« Seufzend zuckte Lena mit den Schultern. *Tu es nicht, Hohlbirne,* dachte sie. *Tu es nicht.*

Doch Elias nickte nur, beugte sich vor und legte das Ohr an den kalten Stein.

Nichts geschah. Sekunden verstrichen, bis Lena merkte, dass sie den Atem anhielt. Dann runzelte sie die Stirn. »Niemand zu Hause, hm?«, scherzte sie, doch es klang angespannt.

Elias winkte ab. Irgendwie schaffte er es, gleichzeitig enttäuscht und erleichtert zu wirken. »Psssst!«, machte er.

»Wieso? Meinst du, deine ach so tolle Prüfungshilfe schläft noch?«

Der Satz klang schärfer, als sie ihn gemeint hatte. Doch ihr Bruder ließ sich nicht beirren. Stoisch harrte er am Kreuz aus, lauschte, wartete.

Dann gab er auf. »So ein Mist«, fluchte er leise, als er den Kopf zurückzog. Er drehte sich zu Lena um und atmete tief durch. »Ich glaube, das wird nix.«

Und ich *kann fast nicht glauben,* dachte sie, *dass dich das tatsächlich enttäuscht.* Sie wollte schon zurück zu ihrem Fahrrad gehen, da riss Elias plötzlich die Augen weit auf. »Was ist?«, fragte Lena.

Doch ihr Bruder schien sie nicht zu hören. Sein Blick ging mit einem Mal ins Leere, und sein Mund stand einen schmalen Spalt offen.

»Elias?«, fragte sie erneut. Sorge wallte in ihr auf wie das Meer, wenn die Flut kam. »He, was hast du?«

Endlich kam Bewegung in Elias. Er wandte den Kopf und sah Lena an. »Hörst du sie denn nicht?«, wisperte er.

Lena schluckte. »Wen?«, sagte sie leise, doch sie ahnte es schon.

Wie durch ein Wunder waren alle Vögel verstummt, und der Wind wehte nicht länger. Es war totenstill geworden auf dem Ferschweiler Plateau.

Elias drehte sich wieder zum Fraubillenkreuz. Mit ernster Miene legte er das Ohr abermals an den Stein. Fast schien es, als würde er dabei ferngesteuert. Als führe er nur Befehle aus.

»Elias?«, fragte Lena wieder. Es klang weinerlich, und genau so fühlte sie sich auch. Ihr war kalt, und sie bekam immer größere Angst. »Eli, was hörst du denn? Was sagt sie dir?«

Für einen kurzen Moment sah er sie an, aus den Augenwinkeln. Sein Mund zuckte, und ein Lächeln erschien auf seinen Zügen. Doch es war ein unkonzentriertes, schwaches Lächeln. Elias hatte anderes zu tun, als sich um sie zu kümmern. Und er kam ihr auch gar nicht mehr ängstlich vor, sondern eher fasziniert.

Also war es wirklich wahr. Die Sibylle existierte. Das Fraubillenkreuz mochte älter als die Ewigkeit sein, aber sein Zauber war noch immer quicklebendig. Man musste nur richtig hinschauen.

Lena trat näher. Sie legte Elias eine Hand auf den Rücken. Es war das Einzige, was ihr spontan einfiel. *Ich bin hier, Eli,* dachte sie, und auf einmal tat es ihr leid, wie gemein sie erst gestern zu ihm gewesen war. Er war doch ihr kleiner Bruder. *Ich bin bei dir.*

»Sie sagt, sie kennt die Zukunft«, flüsterte Elias plötzlich. Er sah wieder zu Lena, berichtete ihr. »Sie sagt, sie kann sie mir verraten, wenn ich will. Und ich kann tatsächlich ihr Spinnrad hören, Lärma. Es surrt ganz leise. Immer und immer wieder.«

Sie nickte, obwohl ihr eisige Schauer über den Rücken liefen. Lena war alles andere als feige, aber in diesem Moment hätte sie sich Elias am liebsten über die Schulter geworfen und wäre weggelaufen. Ganz weit weg. Zurück in die Stadt, zu Papa und dem großen Haus, in dem sie früher alle zusammen gewohnt hatten. Vor dem Unfall.

»Und wie lautet diese Zukunft?«, fragte sie leise. Ihre Stimme zitterte ein wenig.

»Sag sie mir«, bat Elias das Kreuz aus Stein. »Sag sie mir.«

Dann verstummte er, lauschte abermals. Und seine Miene wurde zunehmend blasser!

»Was?« Lena erschrak erneut. »Eli, was ist? Was sagt sie?«

Keine Antwort. Elias achtete kaum noch auf sie. Seine Aufmerksamkeit – und sein Entsetzen – gehörten einzig und allein dem Fraubillenkreuz. Und mit jedem Wort der Sibylle verlor sein Gesicht noch mehr an Farbe.

Irgendwann – es mochten nur Sekunden vergangen sein, Lena kam es aber wie eine Ewigkeit vor – trat er vom Kreuz weg. Im selben Moment kehrte das Vogelgezwitscher zurück. Es war vorbei.

Ängstlich sah sie ihn an. »Und?«

Elias ging zum Baum und nahm sich sein Fahrrad, dann schob er es auf den Waldweg.

»Red mit mir, Elias«, sagte Lena laut. »Was hat sie gesagt?«

Erst jetzt, halb schon auf dem Sattel sitzend, schaute er zu ihr hinüber. »Die Wahrheit«, antwortete er. Und es klang, als wäre das eine ziemlich üble Sache. Ohne eine Erwiderung abzuwarten, trat er in die Pedale und fuhr los.

»He!«, rief Lena ihm nach. Schnell griff auch sie nach ihrem Fahrrad. »Wo willst du denn hin?«

»Nach Hause«, sagte er laut, und der Wind trug seine Worte weit. »Zurück nach Krähenfels, Lärma. Ich will einfach nur heim.«

Lena folgte ihm. Schweigend radelten sie den Weg zurück, den sie gekommen waren. Sie verstand nicht ganz, was passiert war, aber sie spürte, dass Direktor von Schlotterfest mal wieder vollkommen recht gehabt hatte. Wenn man seine Zukunft kannte, dann sorgte das nur für Angst und Probleme!

~

Kapitel 6
Bartholo B. Butterball und der Eintopf des Grauens

Der Rest des Vormittags verlief vollkommen ereignislos – sofern man die üblichen sechs Stunden anstrengenden Schulunterrichts für kein nennenswertes Ereignis hielt. Wiederholt schielte Lena im Klassenzimmer zu Elias hinüber, doch der reagierte nicht. Er schien nur Augen und Ohren für die Lehrer und ihre Aufgaben zu haben. So eifrig hatte sie selbst ihn selten erlebt. Es war, als wolle er sich um jeden Preis davon abhalten, über das Erlebnis am Fraubillenkreuz nachzudenken; zur Not eben auch mit Englischvokabeln und den Hauptstädten Afrikas.

Erst kurz nach dem Pausengong und draußen auf dem Gang schaffte sie es endlich, ihn anzusprechen. »He«, sagte sie und hielt ihn am Arm fest, just als er zur Treppe wollte. »Hohlbirne, rede mit mir. Was ist los?«

Elias schüttelte den Kopf – und dann ihren Arm ab. »Ich hab Hunger, weiter nichts«, sagte er knapp und eilte die Stufen hinauf, genau wie der Rest ihrer Klasse.

Ratlos ließ Lena sich von den anderen mitziehen.

Oben unter dem Dach des Internats lag der Speisesaal. Sie roch das Essen, das es heute Mittag geben würde, schon von Weitem: Das konnte nur Eintopf sein. Mit viel gutem Gemüse, Kartoffeln und frischen Kräutern aus dem internatseigenen Garten, den sie vor einigen Wochen mit Herrn von Schlotterfests Hilfe angelegt hatten. Normalerweise mochte sie dieses Gericht, heute war ihr der Appetit allerdings gehörig vergangen.

Der Speisesaal der Burg Krähenfels war wie ein Ort aus einer anderen Welt. Nein, besser: aus zwei Dutzend vollkommen verschiedenen Welten zusammen. Lena sah ausgestopfte Wildtiere, kostbare Ritterrüstungen, gerahmte Fotos und uralte Filmplakate. Schwere, nordisch aussehende Kronleuchter hingen von der Decke, und wertvolle Teppiche aus dem fernen Orient lagen auf dem Boden. Unter zwei gekreuzten Säbeln stand ein gewaltiger Holzglobus, in einer gläsernen Vitrine ruhte ein Safari-Gewehr, neben dem Fenster hingen ein Cowboyhut und ein Autogramm von Neil Armstrong, dem ersten Mann auf dem Mond, mit persönlicher Widmung für den Schuldirektor. Professor Doktor Doktor Hilarius von Schlotterfest, der bereits hinten am Lehrertisch saß und gerade mit Frau Schipanelli sprach, war ein Sammler, so viel stand fest. Und er hatte weit mehr Länder bereist, Menschen getroffen und Hobbys gepflegt, als es andere Personen je tun würden. Außerdem, so wusste Lena, hatte er weit mehr Geheimnisse als andere Leute.

Überall im Saal herrschte hektisches Treiben. Die Schülerinnen und Schüler genossen es, die Unterrichtsstunden des Vormittags überstanden zu haben. Sie scherzten und lachten, und nicht wenige von ihnen machten einen hungrigen Eindruck. Auf Lena, die zögernd im Türrahmen stehen geblieben war, achtete niemand.

Langsam steuerte sie ihren Tisch an. Alle auf Burg Krähenfels hatten ihre festen Sitzplätze im Speisesaal, und sie saß immer neben Elias und Phillip. Auch heute waren die beiden Jungs bereits auf ihren Stühlen.

»Und?«, hörte sie Phillip gerade fragen. »Wie war's bei dem seltsamen Kreuz, hm? Hat die Sibylle dir die Antworten auf Geiergifts Prüfungsfragen verraten?«

Elias, dem die Frage galt, sah auf den gedeckten Tisch hinab. Vor jedem Platz standen ein Trinkglas, ein Suppenteller und ein Löffel. In der Tischmitte warteten zudem volle Brotkörbe und mehrere Flaschen Eifler Mineralwassers. Außerdem lag eine Orange neben jedem Teller, der heutige Nachtisch.

»He.« Phillip stieß ihn mit dem Ellbogen an. »Erde an Elias. Was sagt die Sibylle?«

Nun seufzte Lenas Bruder. »Keine Prüfungsantworten, tut mir leid. Die hat sie mir nicht verraten.«

Phillip hob überrascht die Brauen. »Dann hast du wirklich mit ihr gesprochen?«, staunte er beinahe ehrfürchtig. »Echt?«

Elias sah ihn an. »Sie kennt die Zukunft«, sagte er leise und mit Grabesstimme. »Und sie hat mir etwas darüber verraten.«

»Was denn?«, fragte Lena. Sie setzte sich gerade an den Tisch der beiden Jungs, und die Gelegenheit schien günstig.

Doch Elias winkte ab. »Mehrere Sachen«, gab er ausweichend zur Antwort. »Dies und das.« Er schien nach wie vor nicht darüber sprechen zu wollen.

»Zum Beispiel?«, hakte Phillip nach. Aus großen Augen sah er Lena an, dann wieder zurück zu Elias.

Der kam gar nicht dazu, eine Antwort zu geben. Denn just in diesem Moment brandete vom Lehrertisch her ein gewaltiger Lärm herüber. Lena sah hinter sich: Herr Butterball, der sonst so friedliche Lehrer mit der Mönchsfrisur, schlug mit beiden Fäusten auf den Tisch. So fest, dass das Geschirr klapperte. Dazu hustete er so stark, als müsse er ersticken!

»Der hat sich verschluckt!«, rief ein Kind am Nachbartisch der Zwillinge.

Sofort nahm der Lärm zu. Einige Schulkameraden standen erschrocken von ihren Sitzen auf, andere begannen zu lachen. Herr Butterball legte den Kopf in den Nacken, hustete einmal mehr aus voller Kraft – und ein grüngelber Schluck Eintopf flog in hohem Bogen aus seinem offen stehenden Mund! Das musste der Grund für seinen Husten gewesen sein.

Der Schluck flog quer über den Lehrertisch und landete ungebremst auf dem Kleid von Frau Schipanelli, die Butterball gegenübersaß. Richtig schön mitten drauf.

Das Lachen der Schüler verstummte sofort. Totenstill wurde es im gesamten Speisesaal. Auch Herr Butterball, der zunächst noch erleichtert schnaufte und sich die Tränen aus den Augenwinkeln wischte, wurde kreidebleich, als er sah, was er unabsichtlich angerichtet hatte.

Frau Schipanelli sagte kein einziges Wort. Doch ihr Gesicht sprach Bände. Es sprach von Ekel, von Wut, von Strenge und von Tadel. Viele dieser Facetten kannte Lena gut, schließlich machte die Schipanelli in nahezu jeder Unterrichtsstunde ein Gesicht, als wolle sie die ganze Klasse am liebsten auf hoher See aussetzen. Aber noch nie hatte Lena gesehen, dass die Lehrerin einen Kollegen so anschaute!

Oh oh, dachte Lena und schluckte trocken.

Stuhlbeine kratzten über den Boden des Speisesaals, als Frau Schipanelli vom Tisch aufstand. Schweigend nahm

die Lehrerin ihre eigene Schüssel Eintopf in beide Hände und trug sie fort.

Nein, korrigierte sich Lena, *nicht fort, sondern ...*

»Die will doch wohl nicht ...«, hörte sie Phillip neben sich keuchen.

Aber die Schipanelli wollte! Totenstill wie der ganze Saal trat sie einmal um den Lehrertisch herum. Sie blieb erst stehen, als sie direkt hinter Herrn Butterball angekommen war. Und dann drehte sie ihre Schüssel um!

Heißer, grüngelber Gemüseeintopf ergoss sich auf den Mönchsschädel des sonst so gemütlichen Lehrers. Butterball, der damit sichtlich nicht gerechnet hatte, riss die Augen weit auf und erstarrte.

»So«, sagte Frau Schipanelli, als die Schüssel leer und die Mönchsglatze voll Eintopf war. Dann stellte sie ihre Schüssel auf den Tisch, nickte knapp und verließ, den Kopf hoch erhoben, den noch immer grabesstillen Saal. Die Schüler, aber auch die übrigen Lehrer, sahen ihr schweigend nach. Schweigend … und ein wenig ängstlich.

»Genau, wie die Sibylle es vorhergesagt hat«, murmelte Elias.

Lena zuckte zusammen. »Wie bitte?«, flüsterte sie und blickte zu ihrem Bruder. »Du wusstest, dass das passieren würde?«

Elias nickte. Er griff in die Hosentasche und förderte ein zusammengefaltetes kleines Blatt Papier zutage. Es stammte aus seinem Matheheft, wie die Linien und Kästchen verrieten.

Lena faltete es auseinander und las, was mit Füller darauf stand.

Erste Prophezeiung der Sibylle, hatte Elias geschrieben. *Herr Butterball badet mittags in Eintopf!*

An diesem Nachmittag hatten die meisten Klassen des Internats frei. Auf dem Schulhof spielten ein paar Schüler, andere büffelten an ihren Schreibtischen in den oberen Etagen. Elias hatte sich ins Computerzimmer zurückgezogen, und nicht mal Phillip durfte ihn dort stören.

Lena machte sich Sorgen um ihren kleinen Bruder. Sie musste etwas tun. Irgendetwas. Und das schnell!

Nachdem sie ihre Hausaufgaben halbwegs vertretbar hingeschludert hatte, lief sie zu Professor von Schlotterfests Büro. Das kleine Zimmer lag im Untergeschoss des Internatsgebäudes. Um es zu finden, musste man nur dem leisen Geruch nach Schwefel folgen, den Pikrit verströmte. Denn immerhin verbrachte der freche kleine Lavaat den Großteil des Schultages im Büro seines »Herrchens«, des Direktors, und das hinterließ eben Spuren.

Pikrit war auch heute dort. Als Lena eintrat, lag er friedlich schlummernd auf ein paar Kissen, die in einer Zimmerecke ausgebreitet waren. Er schnarchte leise, aber beständig.

»Ja, bitte?«, fragte von Schlotterfest. Der Direktor der Burg Krähenfels saß an seinem Schreibtisch, mitten im Büro. Ähnlich wie der Speisesaal war auch das Büro mit Andenken an seine vielen Reisen und Abenteuer vollgestellt. Allerhand Durcheinander herrschte auf den vielen Regalen – und heute auch auf des Direktors Tisch, wo sich Berge aus dicken Büchern türmten. In ihnen schien der Professor fleißig zu lesen, und sie alle schienen sich um die Sagen der Eifel und die Geschichte der Teufelsschlucht zu drehen. »Suchst du mich, Lena?«

Das Mädchen war im Türrahmen stehen geblieben. Mit einem Mal überkam Lena das Gefühl, dass sie den Direktor bei etwas Wichtigem unterbrochen hatte. Aber das änderte nichts. Elias war ebenfalls wichtig!

»Dieser Herr Feuersteyn«, begann sie. Sie musste vorsichtig sein, denn die Lehrer durften nicht erfahren, dass Elias und sie vergangene Nacht gelauscht hatten. Erst recht nicht, dass die Zwillinge danach auf eigene Faust zum Fraubillenkreuz geradelt waren. »Kannte der wirklich die Zukunft?«

Herr von Schlotterfest seufzte leise und senkte den Blick. Dann zuckten seine Mundwinkel aber. »Lena, Lena«, sagte er. »Ich dachte mir schon, dass du früher oder später hier auftauchen würdest.«

»Weil Sie die Zukunft ebenfalls kennen?«, platzte es aus ihr heraus.

Doch er schüttelte den Kopf. »Nein, Lena. Weil ich *dich* kenne. Du bist wissbegierig. Mehr, als es dir manchmal guttut. Ihr beide seid das.« Dann stand er auf und kam um den Tisch herum. »Ihr habt meinen alten Freund Feuersteyn gestern Abend ja selbst erlebt, drüben in der Teufelsschlucht. Kein Wunder, dass du jetzt hier stehst und Fragen hast. Aber ich finde, du solltest nicht stehen.« Er zog den Stuhl vor seinem Schreibtisch in Position und deutete einladend darauf. »Setz dich ruhig.«

Lena blinzelte verblüfft. Das ging ja leichter als erwartet! »Und jetzt?«, fragte sie, als sie Platz genommen hatte.

Der Direktor setzte sich ebenfalls. »Jetzt, Lena, darfst du mich ausnahmsweise einmal alles fragen, was dich beschäftigt. Einfach alles.« Auffordernd sah er sie an. Doch irrte sie sich, oder lag da noch mehr als reine Aufforderung in dem Funkeln seiner Augen? Ahnte, nein, *wusste* er vielleicht doch mehr, als er zugab? Etwa über Elias' und ihre jüngsten Unternehmungen?

Sie schluckte. Jetzt, das war ihr klar, musste sie sogar *noch* besser aufpassen, was sie tat und sagte. »Die Zukunft«, begann sie zaghaft. »Kannte Ihr Freund sie wirklich?«

Von Schlotterfest nickte. »Ja«, gab er ganz offen zu. »Er wusste, wann und wo er einen Geist fotografieren konnte. Nur das.«

»Und er hatte dieses Wissen von einer Sib… von einem alten Steinkreuz?«

»Von einer Sibylle«, bestätigte der Direktor schmunzelnd. »Ganz genau.« Wieder beobachtete er sie durch sein Monokel, als warte er auf etwas.

Gefühlte tausend Fragen gleichzeitig schossen Lena durch den Kopf. Es gab so viel, was sie von ihm wissen wollte. Doch sie durfte nicht mehr als unbedingt nötig verraten und sich vor allem nichts anmerken lassen. Andernfalls hätten Elias und sie nur noch mehr Probleme am Hals.

Nach einer kleinen Weile, in der sie ebenso fieberhaft wie vergeblich nach der richtigen Strategie suchte, öffnete sie den Mund – und sagte schlicht das Erstbeste, was ihr auf der Zunge lag. »Was passiert eigentlich, wenn man die Zukunft kennt?«

Direktor von Schlotterfest strich sich nachdenklich über den Schnurrbart. Diese Frage beantwortete er nur ungern, das sah sie ihm an. Doch er tat es. »Es ist nicht gut für uns Lebewesen, zu viel über das zu wissen, was uns bevorsteht«, begann er. »Solch ein Wissen macht uns Angst. Oder arrogant. Oder unvorsichtig, je nachdem. Stell dir beispielsweise vor, du hättest die Antwort auf alle deine Fragen schon im Voraus. Würdest du dich dann überhaupt noch anstrengen, um sie zu erfahren? Wärst du dann noch so ehrgeizig wie jetzt? Oder stell dir vor, du wüsstest, dass du morgen einen schlimmen Autounfall hättest. Nicht, wann und wo. Sondern nur, *dass* du ihn hättest. Das aber ohne jeden Zweifel. Sag selbst, Lena: Könntest du dann heute noch ruhig schlafen? Wärst du dann heute noch glücklich und unbeschwert?«

Lena erstarrte. Mit einem Mal musste sie an ihre Mutter denken, und ein dicker Kloß bildete sich in ihrem Hals.

Der Professor nickte wissend. »Aber das wäre sehr schade, Lena«, sagte er sanft. »Denn dann entginge dir ja ein ganzer glücklicher Tag. Und glückliche Tage sind das Wichtigste, worum es im Leben geht. Vielleicht sogar das Einzige.«

Sie schwieg. Sie konnte nicht mehr sprechen, nicht jetzt. Die Erinnerung wog zu schwer – und mit der Erinnerung kam die Erkenntnis: Elias und sie hatten einen Fehler begangen. Einen sehr, sehr großen.

Knapp eine Minute lang herrschte völlige Stille im Büro des Direktors. Nur Pikrits leises Schnarchen drang noch an Lenas Ohren. Dann, als sie ihre Stimme endlich wiedergefunden hatte, sah Lena auf. »Konnten Sie Ihrem Freund Feuersteyn helfen?«, fragte sie leise.

Abermals nickte ihr Lehrer. »Das konnte ich«, antwortete er. »Ich erklärte ihm, wie gefährlich es ist, zu viel über die Zukunft zu wissen. Diesen Fehler wird er nie wieder begehen. Von nun an macht er einen Bogen um das Fraubillenkreuz. Er hat seine Lektion gelernt.«

Und ich meine, dachte sie. Als sie aufstand, zitterten ihre Knie ein kleines bisschen.

»Das war's schon?«, fragte der Direktor und hob überrascht die Augenbrauen.

Lena nickte. Sie hatte mehr als genug gehört. »Danke, Herr Professor«, sagte sie so unbekümmert, wie sie noch konnte.

»Keine Ursache«, erwiderte er und brachte sie zur Tür. Dort angekommen, schenkte er ihr ein warmes Lächeln. »Und jetzt lauf, Lena. Spiel mit den anderen, in Ordnung? Und mach dir keine unnötigen Gedanken. Du hast eine Prüfung bei Herrn Geiergift vor dir, wie ich höre. Das allein sollte dich in diesen Tagen beschäftigen. Keine andere Zukunft und auch keine Sibylle.«

Sie musste sich zwingen, das Lächeln zu erwidern.

Kurz vor dem Abendbrot hatte sie genug. Seit dem Gespräch mit Herrn von Schlotterfest waren zwei Stunden vergangen, und jede einzelne von ihnen hatte Lena in ihrem Zimmer verbracht – nachdenklich und mit wachsender Besorgnis. Dann, endlich, reichte es ihr.

Wer etwas unternehmen will, entschied sie, *muss etwas unternehmen. Von selbst gehen Probleme nicht weg.*

Sie zog sich Straßenschuhe an und verließ die alte Burg. Im Hof spielten zwar noch immer ein paar Mitschüler, doch niemand scherte sich um sie, als sie ihr Fahrrad aus der Garage nahm und zum Hoftor schob. Dort stieg sie auf den Sattel und fuhr los.

Der Weg zum Fraubillenkreuz lag in rotgoldenem Licht. Die Sonne ging allmählich unter, und die ganze Eifel, so schien es, erstrahlte in einem warmen Glanz. Der Himmel war angenehm klar, und Lenas Rad hatte mit dem weichen Waldboden keinerlei Probleme. Ihr Weg führte vorbei an der Teufelsschlucht und ihrem Naturparkzentrum, dann weiter in Richtung Ferschweiler, an Feldern und Wiesen entlang und zu guter Letzt abermals in einen Wald.

Die Grenze zum Großherzogtum Luxemburg war von hier aus nicht weit, das wusste sie. Von Echternacherbrück aus war es nur noch ein Katzensprung. Doch so spannend es auch sein mochte, andere Länder zu besuchen: Aktuell hatte sie nur das Fraubillenkreuz im Sinn. Nur ihre ganz eigene Suche nach Antworten.

Die Sache war klar wie Kloßbrühe, oder etwa nicht? Sie musste Elias helfen. Sie musste dafür sorgen, dass er Vernunft annahm und, genau wie Herr Feuersteyn, nicht länger daran dachte, was die Sibylle ihm prophezeit hatte. Und wie konnte sie da gründlicher vorgehen, als indem sie ihre kleine Rettungsmission dort begann, wo auch Elias gestanden hatte? Sie musste recherchieren, genau wie er es sonst immer tat.

Das Kreuz aus meterhohem Fels befand sich noch da, wo die Zwillinge es am frühen Vormittag verlassen hatten. Weit und breit war kein Mensch zu sehen, der Waldweg war erneut vollkommen leer. Unter der hölzernen Bank links neben dem Kreuz lag allerdings eine kleine Plastik-flasche und bewies, dass irgendwann im Laufe des Tages wohl Wanderer hier vorbeigekommen sein mussten – und ihren Müll nicht mitgenommen hatten. Seufzend bückte sich Lena nach dem Abfall und verstaute ihn auf ihrem Gepäckträger. Dann sah sie zum Kreuz.

»In Ordnung, Sibylle«, murmelte sie. »Du willst Ärger? Den kannst du haben.« Mit jeder Silbe war sie näher ge-kommen. Nun stand sie direkt vor dem dreieinhalb Meter hohen Kreuz. »Lass meinen Bruder in Ruhe, hörst du? Lass uns in Ruhe!«

Plötzlich fuhr sie zusammen. Raschelte da nicht etwas? Oder war das ein Surren wie von einem Spinnrad? Heute früh hatte Lena nicht gehört, was die Sibylle sagte. Nun aber kam es ihr vor, als wollte die Zauberin des Steins ihr Antwort geben. Ihr ganz allein.

Fragend beugte Lena sich vor.

Nein, da war nichts. Das musste sie sich eingebildet haben. Oder? Schon wieder glaubte sie, eine Art leises Wispern zu vernehmen, ganz undeutlich und schwach. Und irrte sie sich, oder zwitscherten auf einmal keine Vögel mehr?

Sie beugte sich noch ein Stückchen weiter vor. Ein eisiger Schauer zog ihr über den Rücken. »Hallo?«, flüsterte sie.

Einen Herzschlag später begann das absolute Chaos! Eine gewaltige, meterhohe Flamme schoss hinter dem Kreuz in die Höhe – keine drei Handbreit von Lena entfernt. Die Luft wurde heiß und heißer, und es stank plötzlich, als wäre der Teufel persönlich im Eifler Wald erschienen.

Lena schrie auf. Erschrocken wich sie zurück, weg von dem Stein und der gut mannshohen Wand aus Feuer. Was geschah hier? Was für ein böses Spiel spielte diese elende Zauberin aus der Eifelsage?

Die Flammen wüteten immer schlimmer. Gierig und gnadenlos leckten sie über den Fels, als wollten sie nach Lena greifen. Schnell drehte sie sich um. Sie musste weg hier, ganz schnell weg!

Doch der Wald hatte andere Pläne mit ihr, *höllische* Pläne. Zwei dunkle Gestalten kamen aus den Schatten der Büsche und Bäume! Unheimliche Wesen mit Armen, die sie nach Lena ausstreckten. Mit Augen voller Wut und Gesichtern wie

blutrünstige Zombies. Ihre Kleidung bestand aus schmutzigen Fetzen, und sie knurrten wie hungrige Raubtiere.

Abermals drang ein spitzer Schrei aus Lenas Kehle. Ihr Herz pochte wild, und ihre Knie wurden weich wie warme Butter. So schnell sie konnte, rannte sie zu ihrem Fahrrad, das an einem Baum lehnte. Dabei stolperte sie über eine Baumwurzel und flog der Länge nach auf den Boden.

Für einen kurzen Moment sah sie nur Sterne. Der Aufprall hatte ihr die Luft aus der Lunge getrieben, und ihr war schwindelig. Außerdem taten ihr alle Knochen weh. Schon glaubte sie den gierigen Atem der Zombies im Nacken zu spüren. Und die Flammen hinter dem Kreuz loderten hell. Lena dachte an Herrn Geiergift und die Sage von der Teufelsschlucht. Von der Ecke der Eifel, die der Satan selbst erschaffen haben soll. Kam der Fürst der Unterwelt etwa wieder, um seine damals begonnene Arbeit zu vollenden? Ausgerechnet jetzt?

Sie musste fliehen, solange sie noch konnte. *Falls* sie noch konnte.

Aufstehen!, ermahnte sie sich und stemmte sich mit all ihrer Kraft vom Waldweg auf. *Weg hier!*

Keuchend kam sie auf die Beine. Sie drehte sich nicht um, griff einfach nach ihrem Fahrrad. Doch just als sie auf den Sattel steigen wollte, packte einer der Zombies den Gepäckträger und hielt ihn fest. »Oh«, sagte das Ungeheuer – nun ganz und gar nicht mehr zombiehaft knurrig. »Meine Trinkflasche. Die hab ich ja ganz vergessen.«

Lena erstarrte, allerdings nicht vor Schreck. Warum kam ihr die Stimme so bekannt vor?

»Echt, du bist vielleicht ein Trottel«, beschwerte sich Zombie zwei über Zombie eins. »Der beste Streich wirkt doch nicht, wenn man verräterische Spuren hinterlässt!«

Auch diese Stimme klang äußerst vertraut. *Menschlich* und vertraut. Ganz und gar nicht untot. Lena verstand die Welt nicht mehr. Vorsichtig drehte sie sich um.

Der Zombie Nummer eins hatte die Flasche vom Gepäckträger genommen und schüttelte schuldbewusst den Kopf. Sein Nebenzombie hatte tadelnd die Arme vor der Brust verschränkt. Und dann … grinsten beide diebisch.

»Na?«, wandte sich Zombie eins mit unschuldigem Flöten in der Stimme an Lena. »Hast du dich ein bisschen erschreckt, Lärma? So klang's nämlich.«

Elias! Ungläubig starrte sie ihn an. Die schwarzen Strubbelhaare, die schmalen Schultern, der freche Blick. Das war kein bluthungriges Monster, sondern bloß ihr dämlicher Bruder! Und der andere Witzbold konnte dann ja nur Phillip sein. Die zwei Jungs hatten sich kostümiert und irgendwelche unheimlich wirkende Schminke in die Gesichter geschmiert, sonst nichts.

»Ihr …«, keuchte sie. Weiter kam sie nicht.

Denn Zombiephillip ließ die Arme wieder sinken und drehte den Kopf. »He, Pik! Du kannst jetzt aufhören. Es hat funktioniert. Guck dir nur an, wie blass die geworden ist!«

Im selben Moment erlosch das Feuer hinter dem Frau-billenkreuz, und Pikrit, der kleine Lavaat, trat hinter dem Stein hervor. Auch er grinste breit. »Pik Teufel«, brummte er mit seiner Ofenrohrstimme, stolz wie Oskar. »Pik grooooßer Teuuuufel!«

Der hatte sich da versteckt, begriff Lena. *Unsichtbar.*

Daher rührte also der Gestank. Und das Feuer kam natürlich aus Pikrits Rachen, schließlich konnten Lavaats Feuer spucken, wann immer sie es wollten. So wie die Eifler Vulkane, aus denen ihr Volk gekommen war, lange bevor es hier Menschen gab.

»Ihr …«, begann Lena neu. Doch ihr fehlten die Worte. Vor lauter Zorn konnte sie kaum sprechen.

Davon konnte bei Elias keine Rede sein. Die Hohlbirne im Zombiemantel strahlte über das ganze Gesicht. »Siehst du?«, sagte er triumphierend. »Du bist auch nicht besser als ich. Du willst die Zukunft auch wissen. Warum bist du sonst hierher gekommen? Noch dazu ganz heimlich und allein.«

Lena schüttelte den Kopf. Sie hatte die Hände zu Fäusten geballt und kochte innerlich. »Hat deine Sibylle dir das etwa verraten?«, fuhr sie ihren Bruder an. »Dass ich herkommen würde?«

»Pfft.« Er winkte ab, lässig durch und durch. »Dafür brauche ich doch keine Sibylle. Das wusste ich auch so. Ich kenne dich doch, Lärma. Dich und deine Neugierde.«

»Hihi«, kicherte Phillip.

Das genügte. Lena hatte diesen beiden Hirnis schon viel zu lange zugehört. »Ihr seid das Letzte!«, sagte sie knurrend. Dann trat sie in die Pedale und fuhr los, Wut im Bauch und Wut im Kopf. Sie sah nicht zurück.

~

Kapitel 7
Die letzte Wahrheit der Sibylle

Die Nacht war sternenklar und friedlich. Elias konnte den Großen Wagen von seinem Bett aus erkennen, schwebte das Sternbild doch direkt vor seinem Schlafzimmerfenster auf Burg Krähenfels. Normalerweise erfüllte der Anblick dieser und anderer Himmelsformationen ihn mit Freude und Faszination. In dieser Nacht entlockte er dem Jungen aber nur ein Schulterzucken. Seine Gedanken drehten sich um etwas völlig anderes.

»Waren wir nicht doch zu gemein?«, erklang plötzlich eine Stimme aus dem oberen Hochbett.

Elias gähnte und sah über sich. »Hm?«, fragte er.

»Zu Lena«, erklärte Phillip ins Dunkel des nächtlichen Zimmers hinein. »Waren wir nicht zu gemein zu ihr? Heute Nachmittag fand ich das nicht – immerhin hat sie dich auch ziemlich geärgert, gestern beim Zeltausflug in die Teufelsschlucht, als sie deine Sachen versteckte. Und ihr streitet euch ja eigentlich ständig über irgendetwas. Außerdem war der Zombiestreich heute wirklich witzig. Aber jetzt, wo ich hier liege … Ich muss andauernd daran denken, wie laut sie vorhin geschrien hat.«

»Du bist vielleicht ein Weichei«, spottete Elias. »Bekommst du etwa Gewissensbisse?«

Phillips Kopf erschien am Rand des Bettes. »Sie hatte Schiss, Eli.«

»Na und? Den hat Herr Butterball auch, wann immer Pikrit, der Frechdachs, nachts so tut, als wäre er ein Poltergeist, der durch Butterballs Zimmer spukt.« Elias lachte leise. »Hast du vergessen, wie lustig es war, als Butterball im Morgenmantel aus seinem Zimmer und die Treppen hinunter rannte? Der schrie ja unten auf dem Hof noch wie am Spieß. Ach was, schrie. *Gequiekt* hat der. Und sogar Direktor von Schlotterfest hat darüber gelacht, wenn auch nur ganz heimlich, als er dachte, es sähe niemand. Nein, Phillip. Streiche sind auf Burg Krähenfels so normal wie … wie …«

»Wie Eintopf auf Lehrerglatzen?«, fragte Phillip und grinste im Sternenlicht.

Elias grinste zurück. »Ganz genau. Wie Eintopf auf Lehrerglatzen.«

»Na, ich weiß nicht«, meinte Phillip und legte sich wieder hin. »Sollten wir uns Pik wirklich zum Vorbild nehmen? Ausgerechnet das kleine Teufelchen?«

»Du denkst zuviel nach«, fand Elias. »Schlaf lieber.«

Sein Freund seufzte schwer. »Wie soll ich schlafen, wenn morgen Geiergifts Prüfung ansteht?«

Ach, daher wehte der Wind! Elias schüttelte den Kopf. »Wir haben gebüffelt wie die Verrückten. Tagelang. Mehr können wir nicht tun.« Und das würde auch genügen. Zumindest redete er sich das seit Stunden ein. Es *musste* genügen.

»Und du bist dir wirklich sicher, dass die Sibylle dir keine von Geiergifts Fragen vorhergesagt hat?«

»Absolut sicher«, antwortete Elias. »Leider.«

»Aber sie *hat* dir Sachen gesagt, richtig?«, hakte Phillip nach. »Mehr als nur eine. Die Nummer mit Butterball und dem Eintopf war erst der Anfang, ja?«

Elias nickte, obwohl sein Freund und Zimmergenosse das nicht sehen konnte. »Drei«, gestand er leise. »Drei Prophezeiungen insgesamt. Eine ist bereits wahr geworden: Butterball hat in Eintopf gebadet. Aber zwei stehen noch aus.«

»U… und wie lauten die?«, fragte Phillip zögerlich. Er war neugierig, aber auch besorgt. »Was bringt die Zukunft, Eli?«

»Einen Knall«, murmelte Elias und schluckte schwer. Er drehte sich zur Seite, wollte nicht darüber sprechen – und auch nicht darüber nachdenken. Fast schon verbissen zog er die Bettdecke bis ans Kinn und schloss die Augen. »Einen ganz gewaltig großen Knall. Und danach … noch einen.«

Der nächste Tag begann mit dem Weltuntergang. Zumindest sah die Welt ganz schön untergeherisch aus, als Lena wach wurde, das Fenster ihres Zimmers öffnete und hinausschaute. Dicke Sturmwolken waren in der späteren Nacht am Himmel aufgezogen, und die Luft roch nach nahendem Regen. Früher, als sie und Elias noch in der Stadt wohnten, hatte sie den Regen nie riechen können. Doch nun, nach nur wenigen Wochen in der Eifel, war ihre Nase der reinste Wetterfrosch.

»Na super«, murmelte sie und zog sich an. Ihre Laune war noch immer nicht besser geworden, und die Aussicht auf schlechtes Wetter half nicht gerade.

Als sie den Flur vor ihrem Zimmer betrat, herrschte dort bereits emsiges Treiben. Klassenkameraden und andere Schüler eilten durch die Gänge und Treppenhäuser. Ihr Ziel war der Speisesaal oben unter dem Dach, wo es gleich Frühstück geben würde. Lena betrachtete die anderen Kinder und entschied, heute auf Tee und Brötchen zu verzichten. Sie hatte absolut keine Lust, neben Phillip und ihrer Hohlbirne von Bruder zu sitzen. Die beiden konnten ihr herzlich gern gestohlen bleiben.

Während die übrigen Schülerinnen und Schüler zum Speisesaal hinaufliefen, ging Lena daher die Treppen hinunter. Schweigend öffnete sie die Tür zum Burghof und trat ins Freie. Der Hof war menschenleer, ganz wie von ihr erhofft. Langsam schlenderte sie über den unebenen Boden, vorbei an den alten Mauern von Krähenfels. Sie hörte dem Wind zu, roch den nahen Wald, spürte die Weite des Eifler Landes und die dort ungehindert lebende Natur. Die Stille war herrlich.

Irgendwann erreichte Lena das Hoftor. Es stand noch immer offen, und sie ging hindurch, um dem Waldrand noch ein paar Schritte näher zu sein.

»Morgen«, hörte sie plötzlich eine Stimme neben sich.

Erschrocken wirbelte sie herum. Niemand Geringeres als die Hohlbirne lehnte außen an der halb zerfallenen Burgmauer. Elias wirkte, als habe er ebenfalls kaum ein Auge zugemacht. Neben ihm im Gras saß Pikrit und klaubte mit sichtlicher Freude ein paar Steinchen vom Boden auf, die er dann genüsslich verspeiste.

»Was macht *ihr* denn hier?«, fragte Lena brummend. Sie legte keinen Wert auf diese Art von Gesellschaft, und das konnten die zwei Spaßvögel auch ruhig wissen. »Habt ihr keinen Hunger?«

Pikrit rülpste leise. Sein Atem roch nach faulen Eiern.

»Pik schon, schätze ich«, sagte Elias. »Puh …« Er verzog das Gesicht und wedelte sich mit einer Hand frische Luft zu.

»Mhm«, erwiderte Lena lustlos. Sie drehte sich wieder um. An einem Gespräch mit Elias und Pikrit hatte sie kein Interesse. Langsam ging sie weiter.

»Ähm«, sagte Elias in ihrem Rücken vorsichtig. »Das würde ich nicht tun, wenn ich du wäre.«

Lena blieb stehen. Ihr Geduldsfaden wurde immer dünner. »Was?«, fauchte sie und ballte die Fäuste.

»Na, in die Richtung weitergehen.«

Sie runzelte die Stirn. »Spinnst du jetzt total, oder was?«, fuhr sie Elias an, jede Silbe so ätzend wie Säure. Als sie sich erneut zu ihm umdrehte, zuckte er sogar ängstlich zusammen – wenn auch nur ein ganz klein wenig. »Ich soll nicht weitergehen? Warum in aller Welt soll ich nicht weitergehen?«

»Weil …« Elias legte den Kopf leicht schräg, als denke er nach. »Äh, wie spät ist es jetzt?«

Lena sah auf ihre Uhr. »Gleich halb sieben, wieso?«

»Nein, nein.« Er klang drängend. »Wie spät genau? Auf die Minute, meine ich.«

Seufzend schaute sie nach. »Sechs Uhr, siebenundzwanzig Minuten und … zweiundvierzig Sekunden.«

»Dann geh lieber zwei Schritte zurück, nicht nach vorn«, bat Elias. »Mindestens zwei.«

Ihr Geduldsfaden riss endgültig. »Sag mal, was soll der Quatsch?«, beschwerte sie sich wütend. »Wird das jetzt Teil zwei der großen Aktion ‚Wir lachen über Lena‘, oder wie? Machst du heute so weiter, wie du gestern aufgehört hast? Falls ja, kannst du mir nämlich mal den Buckel runterrutschen, Hohlbirne – und Pik und Phillip gleich mit!«

»Zwei Schritte, Lena«, sagte Elias nun lauter und sogar noch drängender. »Nur zwei Schritte. Das genügt bestimmt schon. Aber beeil dich.«

»Einen Teufel werd ich tun!«, schimpfte sie. »Seit wir bei diesem Kreuz waren, spielst du hier den Wahnsinnigen, Elias, und ich spiele dieses Spiel nicht länger mit! Du redest nicht mit mir, du lässt dich kaum noch blicken, du bist gemein und fies und …«

Er fiel ihr ins Wort. »Lena!«, bat er und streckte beide Arme nach ihr aus. Seine Stimme wurde immer schriller, bis sie zum Schrei mutierte. »Komm her. Komm her! *Komm endlich her!*«

Lena war so perplex, dass sie gehorchte. Ehe sie begriff, was sie da eigentlich tat, war sie zwei Schritte auf ihren Bruder zugegangen, zurück in Richtung Burgmauer.

Und direkt hinter ihr knallte es laut!

Der Lärm war ohrenbetäubend. Für einen kurzen Augenblick schien die Luft elektrisch aufgeladen zu sein. Die Nackenhaare standen Lena zu Berge, ihr Herz pochte wie wild, und auf ihrer Zunge lag plötzlich ein eigenartig metallischer Geschmack. Dann wurden ihre Knie weich. Ehe sie sich versah, kippte sie vornüber. Elias, der ebenfalls schwankte, fing sie auf und zog sie zur Burgmauer, wo Pikrit erschrocken aufgesprungen war.

Lena drehte sich um. Dicht neben der Stelle, an der sie eben noch gestanden hatte, wuchs ein kleiner Busch. Bes-

ser gesagt war er dort gewachsen, denn seine Existenz endete soeben in einem stattlichen Feuer.

»Was …«, keuchte Lena. Das Sprechen fiel ihr schwer, so tief saß ihr der Schreck in den Knochen. »Was war das?«

Donner grollte, und die ersten Regentropfen landeten auf den alten Mauern von Burg Krähenfels.

Elias deutete zum Himmel. »Das war ein Blitz«, antwortete er. »Pünktlich wie die Eisenbahn.«

Ein Blitz? Ein Blitz war in den Busch eingeschlagen? Lena machte große Augen. Sie wusste längst nicht so viel über Physik und ähnliche Schülerplagen wie ihr Bruder, aber … »Ist das nicht gefährlich?«, keuchte sie. Vorsichtig tastete sie ihren Körper ab und suchte nach Schmerzen, die nicht da waren. »Bekommt man da keinen Schaden ab, wenn man direkt daneben steht? Weil die Energie des Blitzes in den Boden fährt, oder so?«

Anerkennend hob Elias die Brauen. »Manchmal«, sagte er. Seine Haare waren nass geworden und klebten an seinem Kopf. »Heute aber nicht.«

»Was soll das jetzt schon wieder heißen?« Lena schüttelte den Kopf. »Wieso heute nicht? Woher willst du das wiss…« Dann verstummte sie und begriff. *Natürlich* hatte er es gewusst.

Elias griff in seine Hosentasche und entnahm ihr einen weiteren kleinen Zettel. Den reichte er seiner Schwester. Lena faltete das Papierstückchen auf und las:

Zweite Prophezeiung der Sibylle: Um sechs Uhr dreißig brennt der kleine Busch. Niemand wird verletzt.

Nun verstand sie, was er zu dieser frühen Stunde hier draußen suchte. Er hatte zusehen wollen, wie die Prophezeiung wahr wurde. »Elias, was passiert hier?«, flüsterte sie und ließ den inzwischen pitschnassen Zettel sinken.

»Eine noch.« Er schenkte ihr ein hoffnungsvolles Lächeln. »Dann ist es vorbei. Nur noch eine weitere Prophezeiung.«

»Sicher?«, fragte sie leise.

Er nickte. »Ganz sicher. Es war dumm von mir, zum Fraubillenkreuz zu fahren, Lärma. Du hattest völlig recht.

Und ich fahre da nie wieder hin. Eine Prophezeiung noch, dann war's das für mich.«

Lena nickte ebenfalls. Sie wusste nicht, was sie sonst tun sollte. Schweigend sah sie zu Pikrit, der fasziniert zusah, wie der immer stärker werdende Regen den brennenden Busch löschte. Wieder donnerte es über ihr.

»Wir sollten ins Haus gehen«, schlug sie vor. »Der nächste Blitz könnte weit weniger nett zu uns sein.«

»Guter Punkt«, stimmte Elias zu. Dicke Regentropfen flossen an seinen Brillengläsern entlang und raubten ihm beinahe die Sicht. Dann seufzte er. »Außerdem geht's gleich los. Heute ist der große Tag.«

Lena runzelte die Stirn. »Wovon redest du?«

»Na, von Herrn Geiergift«, antwortete er und sah sie ganz eigenartig an. »Von der Prüfung, vor der wir schon seit Ewigkeiten solche Angst haben.«

Mit einem Mal war Lena, als habe der Blitz sie doch getroffen! Ihr Herz schien einen Schlag auszusetzen, ihr Atem stockte, und der Regen auf ihrer Haut fühlte sich an wie Eis. »Das ist *heute?*« Vor lauter Sorge um – und Ärger über – ihren Bruder hatte sie Geiergifts Prüfung ganz vergessen!

Elias wurde blass. Seine Hand fuhr wieder zur Hosentasche, griff aber nicht hinein. »Sag jetzt nicht, du hast nicht gelernt.«

Hinter Lenas Stirn überschlugen sich die Gedanken. Sie *hatte* nicht gelernt; viel zu viel anderer Quatsch hatte sie in den letzten Tagen beschäftigt. An Geiergift und seine Prüfung hatte sie kaum noch einen Gedanken verschwendet. Aber hatte sie vielleicht trotzdem eine Chance? Die Prüfung würde von der Teufelsschlucht handeln, so viel war klar. Wusste sie auch so genug über die Gegend? Einfach aus der Erinnerung?

»Der nimmt mich nicht dran, oder?«, hauchte sie und sah zu Elias. »Wir sind doch ganz viele in unserer Klasse. Da nimmt der mich nicht dran. Der kann doch auch jeden anderen nehmen.«

Elias nickte stumm. Sein aufmunternd gemeintes Lächeln war aber falsch, und seine Hand verharrte selbst dann noch an der Hosentasche, als Lena, Pikrit und er zurück zum Schulhaus gingen. Er hatte einen dritten Zettel in dieser Tasche, das ahnte Lena. Doch sie wagte es nicht, darüber nachzudenken.

»Also, Lena, letzte Chance: Kannst du mir sagen, wann die Teufelsschlucht entstand?«

Grabesstille herrschte in der gesamten Klasse. Niemand wagte es mehr, einen Mucks zu machen. Die Blicke aller Schüler ruhten auf Lena, die seit mehreren Minuten vorn an der Tafel stand und tausend Tode starb.

Natürlich hatte Herr Geiergift sie für seine Prüfung ausgewählt. Wen sonst? Der Blitz schlug eben doch zweimal am selben Ort ein.

»Lena?« Der Lehrer mit der spitzen Nase beugte sich vor, die Stirn in ganz und gar unentspannte Falten gelegt. Herr Geiergift saß an seinem Pult, sah aber aus, als wolle er jeden Augenblick aufspringen und wütend auf und ab gehen. Sein Tonfall war tadelnd und streng. »Ich warte auf eine Antwort. Immer noch!«

Es war die fünfte Frage der Prüfung und die vierte, deren Antwort Lena nicht wusste. Besser gesagt, wusste sie sie nicht mehr, denn all das hatte groß und breit auf den Schautafeln gestanden, an denen sie und Elias in der Schlucht vorbeispaziert waren. Auch in Herrn Feuersteyns Museum hatten diese Informationen überall an den Wänden gehangen, ganz ohne Frage. Nur: Seitdem war so viel passiert, dass Lena sie schlicht vergessen hatte.

Wann entstand die Teufelsschlucht?, dachte sie, während ihr immer wärmer wurde und ihre Finger nervös zuckten. *Wann war das noch mal?*

Hilflos blickte sie zu ihrer Klasse. Die anderen Schüler kannten die Antwort, das sah sie ihnen an. Dies musste eine recht einfache Frage sein. Selbst Mehtap wirkte, als fasse sie es nicht, dass ausgerechnet Lena dabei kein Wort hervorbrachte, und Mehtap war alles andere als eine Schnellmerkerin! Einzig Elias sah ganz traurig aus. Er litt mit ihr, das sah sie ihm an. Und er konnte ihr nicht helfen.

»Ich zähle bis drei, Lena«, warnte Herr Geiergift, dessen Laune sekündlich schlechter wurde. »Dann muss ich etwas von dir hören. Andernfalls ist das hier eine glatte Sechs, Fräulein!« Kurze Pause. »Eins.«

Lena schluckte. Sie brauchte jetzt ein Wunder! Verflixt, sie hatte diese dämlichen Schautafeln doch gelesen. Warum stand sie nun dermaßen auf dem Schlauch? Das war nicht fair.

Geiergift zählte weiter. »Zwei.«

Wieder ging ihr Blick zu Elias. Ihr Bruder hatte die Arme um den Oberkörper gelegt, als ob er fror, und sah sie dabei eindringlich an. Seine Hände rieben über seine Oberarme, seine Schultern zitterten leicht. War ihm etwa kalt geworden vor lauter Sorge um seine Schwester?

»Drei«, schloss Geiergift. Dann stand er auf. »Also, Lena? Wie lautet deine Antwort?«

Sie starrte ihn an, ratlos und verloren. Ihr Mund klappte auf, doch kein Laut drang daraus hervor. Ihr Verstand war wie leer, und ihr kam es vor, als habe sie alles vergessen, was je in ihrem Kopf gewesen war. Restlos alles.

Geiergift seufzte. »Wann entstand die Teufelsschlucht?«, fragte er barsch.

Und Lena antwortete. »A… Als der Teufel in der Eifel mal Urlaub machte?«

Es war die dämlichste Antwort aller Zeiten. Das wusste sie, kaum dass sie sie ausgesprochen hatte. Es war keine Wahrheit, sondern bloß die blöde Geschichte vom Lagerfeuer. Keine Tatsache, nur Gruselmärchen. Doch mehr hatte sie in diesem Moment einfach nicht auf Lager. Alles andere war weg.

Die Klasse prustete los. Mehtap hielt sich die Hand vor den Mund und machte große Augen. Phillip legte den Kopf in den Nacken und lachte schallend laut. Paul gluckste vor Vergnügen. Alle sahen aus, als habe Lena soeben den besten Witz der Welt erzählt.

Nur Elias lachte nicht. Und Herr Geiergift ebenfalls nicht.

»Tja«, sagte der Lehrer. Lena hatte befürchtet, ihn enttäuscht zu haben, doch er war vielmehr wütend. »Das nennt man dann wohl Totalausfall. Setz dich, Lena. Die Sechs hast du dir leider redlich verdient.«

Schamesröte schoss ihr ins Gesicht, als sie zurück zu ihrem Platz ging. Nie zuvor hatte sie eine Sechs bekommen. Und was viel schlimmer war: Diese hier bekam sie vollkommen zu Recht.

»Wer kann mir denn mit der korrekten Antwort aushelfen?«, wandte sich der Lehrer nun an die gesamte Klasse. »Mit Wissenschaft statt mit Fantasie. Wann entstand die Teufelsschlucht?«

Lena sah zu Elias. Er erwiderte ihren Blick nicht nur, er rieb sich auch erneut mit den Händen über die Oberarme, als sei ihm kalt. Und mit einem Mal begriff Lena, warum er das tat.

»Nach der Eiszeit«, antwortete Mehtap auf Herrn Geiergifts Frage, just als die Worte auch in Lenas Kopf erschienen. »Die Teufelsschlucht ist eine Folge der letzten Eiszeit. Sie entstand vor etwa zwölftausend Jahren.«

»Sehr gut, Mehtap.« Herr Geiergift nickte. »Absolut richtig.«

Elias zuckte hilflos mit den Schultern. Er hatte versucht, Lena ohne Worte vorzusagen, und sie hatte es schlicht nicht kapiert. Seufzend vergrub sie das Gesicht in den Händen. Geiergift mochte ein harter Knochen sein, aber er hatte es genau erkannt: Sie hatte auf ganzer Linie versagt.

»Netter Versuch«, sagte Lena. »Danke dafür.«

Elias sah zu Boden. Es war Nachmittag, der Unterricht war vorbei, und die Zwillinge saßen draußen vor der Burgmauer im Gras. Der Himmel hatte aufgeklart, und warmer Sonnenschein fiel über die Eifel. Das Internat Krähenfels stand nicht länger neben der Teufelsschlucht, sondern wieder an einem anderen Ort, in einem anderen Wald. Was immer es in die Südeifel gelockt hatte, war ganz offensichtlich vorbei.

»Dank mir nicht«, brummte Elias niedergeschlagen. »Es hat dir ja nicht geholfen.«

»He.« Sie knuffte ihn in die Seite. Der Zorn, den sie noch am frühen Morgen seinetwegen verspürt hatte, war verflogen. »Der Wille zählt, Hohlbirne. Alle anderen haben gelacht. Aber du hast mir helfen wollen.«

Er seufzte schwer. Ihm war, als sei ihm eine riesige Last von den Schultern genommen worden. Gleichzeitig fühlte er sich allerdings schwerer und erdrückter denn je. »Das wollte ich die ganze Zeit schon«, gestand er. »Seit die Sybylle es mir sagte. Aber ich konnte nichts tun, verstehst du? Ich wusste, dass ich es nicht verhindern würde. Und jede Prophezeiung, die wahr wurde – Butterballs Eintopf, der brennende Busch – bewies es mir aufs Neue.« Er griff in die Hosentasche und zog den dritten und letzten Zettel hervor. Doch als er ihn Lena reichen wollte, winkte sie ab.

»Ich weiß, was da drauf steht«, sagte sie schlicht.

»Ja, aber …«

»Kein Aber.« Nun war sie es, die seufzte. »Du wusstest, dass ich die Prüfung vergeigen würde. Nichts und niemand würde das verhindern. Und du wusstest, dass es nur schadet, seine Zukunft zu kennen – du besser als alle anderen!«

Er nickte. Genau so war es.

»Kein Wunder, dass du so stur den Mund gehalten hast.« Lena schenkte ihm ein Lächeln. »Du wolltest mir damit helfen.«

»Hättest du es gewusst, wärst du traurig gewesen«, bestätigte er. »Die ganze Zeit über. Deshalb musste ich es für mich behalten. Damit du nicht traurig bist, sondern … sondern so wie sonst auch immer.«

Endlich war es raus. Einen Tag und eine Nacht lang lang hatte er dieses furchtbare Wissen mit sich herumgetragen, ohne jemanden einweihen zu können. Nun, da auch die dritte Prophezeiung wahr geworden war, lag der

Schrecken der Teufelsschlucht endlich hinter ihm. Ein für alle Mal.

Lena sah ihn an. »Du bist gar nicht so oberdoof, wie ich manchmal denke«, sagte sie, der Tonfall warm und freundlich.

»He!«, beschwerte er sich, musste aber grinsen.

»Nein, wirklich«, beharrte sie und tat dabei ganz überrascht. »Nicht oberdoof. Nur doof.«

Er knuffte sie zurück. Lena lachte so laut, dass sie hintenüber ins Gras fiel. Dort blieb sie einfach liegen und lachte weiter.

»Was ist denn hier los?«, erklang plötzlich eine neue Stimme.

Elias blickte hinter sich. Professor Doktor Doktor Hilarius von Schlotterfest und Pikrit waren soeben aus dem offenen Hoftor hinaus auf die Wiese getreten. Überrascht ließ der Schuldirektor seinen Blick schweifen.

»Wir albern bloß ein bisschen herum«, erklärte Elias ihm.

Von Schlotterfest blinzelte überrascht. »Hm?«, fragte er, als bemerke er die Zwillinge jetzt erst. »Ach, hallo, ihr zwei. Nein, euch meinte ich gar nicht. Sondern … Sondern das da!« Er streckte den Arm aus und deutete auf die neue Umgebung, in der die Burg Krähenfels seit diesem Nachmittag stand.

»Teufel weg«, erkannte Pikrit mit seiner Ofenrohrstimme. Dann nickte er, entschlossen wie ein Schlussstrich, und bückte sich nach ein paar Steinchen, die er vom Erdboden auflas und sich in den Mund steckte. Elias hörte ihn genießerisch schmatzen.

»Die Teufelsschlucht ist das nicht«, bestätigte Lena. »So viel steht fest. Es wird aber irgendein anderer Ort in der Eifel sein.«

Und irgendein neues Abenteuer?, fragte Elias sich. Er hoffte es. Abenteuer waren spannend – wenn man sich nicht so dumm anstellte wie er in diesem, hieß das.

»Ja, natürlich«, sagte der Direktor zu Lena. »Und ich fürchte, wir werden schon bald erfahren, welcher Ort und warum. Ich frage mich allerdings, weshalb die gute alte Burg die Teufelsschlucht so plötzlich verlassen hat. Ich wüsste nicht, dass wir deren Rätsel schon alle gelöst hätten. Mein lieber Feuersteyn und sein Geisterfoto werden wohl kaum der einzige Grund unseres Kommens gewesen sein.«

»Nein«, erwiderte Lena. »Wohl kaum.« Dann sah sie Elias an, lächelnd und mit einem verschwörerischen Zwinkern.

Was für eine Gegend, dachte er und lächelte zurück. Vor ein paar Wochen, in der Stadt und ihrem alten Haus, hätte er das nie gedacht. Ausgerechnet er, der Stubenhocker. Aber: Es tat gut, hier zu sein. Das hatte er schon vorgestern am Lagerfeuer gespürt, auch wenn ihm da die passenden Worte noch nicht eingefallen waren. Aber jetzt spürte er es wieder, sogar noch deutlicher und stärker. Es tat gut. Und er war gespannt darauf, was als Nächstes passieren würde.

»Kennen Sie eigentlich auch eine Gruselgeschichte?«, wandte er sich, einem plötzlichen Impuls folgend, an seinen Schuldirektor. »So wie Herr Geiergift die von der Teufelsschlucht?«

Von Schlotterfest schien gerade wieder ins Haus gehen zu wollen. Er hatte die Hand bereits nach Pikrit ausgestreckt. Nun sah er zu Elias. »Eine?«, fragte er, und seine Mundwinkel zuckten amüsiert. »Elias, du unterschätzt mich. Ich kenne Dutzende. Ach was, Hunderte!«

»Erzählen Sie uns eine?«, bat Lena. Sie setzte sich wieder auf und guckte ihn erwartungsvoll an. Die Schmach der verhauenen Prüfung schien ihr nicht länger zu schaffen zu machen. Stattdessen wirkte sie begeistert … und hoffnungsvoll. »Irgendwann mal?«

Der Direktor schmunzelte wissend. »Schon sehr bald, schätze ich«, antwortete er und sah ein letztes Mal zum Wald, der das Internat seit diesem Nachmittag umgab. »Wenn ich eins über die Eifel gelernt habe, dann nämlich das: Hier gibt es überall Geschichten, die sich zu erzählen lohnen. Wir müssen nur die Augen nach ihnen offen halten. Dann zeigen sie sich uns von ganz allein.«

»Das klingt ja fast, als würden Sie die Zukunft kennen«, sagte Elias und lachte.

Pikrit erschrak so sehr, dass er sich an seinem Imbiss aus Dreck und kleinen Steinen verschluckte. Hustend sah er sein Herrchen an, und sein Blick war voller Tadel.

Von Schlotterfest strich ihm beruhigend über den kahlen Schädel. »Nein, keine Sorge. Ich will die Zukunft gar nicht kennen.« Dann sah er zu den Zwillingen. »Aber ich kenne die Eifel.« Mit diesen Worten drehte er sich um und ging, Pikrit im Schlepptau, zurück in den Burghof.

Elias sah ihm zufrieden nach. Dann legten er und Lena sich rücklings ins Gras, schauten den Wolken zu und warteten auf die nächste Geschichte.

~

GEHEIM akte Krähenfels

Wissenswertes über die Sagen und Legenden aus Sagenhaft Eifel!

Die **Teufelsschlucht** liegt zwischen den Ortschaften Irrel und Ernzen und am östlichen Rand des sogenannten Ferschweiler Plateaus. Die Schlucht entstand als Folge mehrerer Felsstürze gegen Ende der letzten Eiszeit und ist daher inzwischen über zehntausend Jahre alt.

Ihre bizarre Felsenlandschaft mit vielen steilen Wänden und schmalen, bis zu achtundzwanzig Meter tiefen Spalten ist ein sehr gefragtes Ausflugsziel und bietet sich für Wanderungen an. Perfekter Ausgangspunkt für Erkundungen aller Art ist das Naturparkzentrum Teufelsschlucht mit seinen Ausstellungen.

Einem lebenden Tyrannosaurus Rex begegnet man in der Teufelsschlucht zum Glück nicht, aber lebens*echt* wirkende Saurier hat der **Dinosaurierpark Teufelsschlucht** durchaus in Hülle und

Fülle zu bieten. Die großen Reptilien entführen ihre Besucher über sechshundert Millionen Jahre weit in die Vergangenheit der Erde. Im sogenannten Forschercamp des Parks kann man sich sogar selbst als Wissenschaftler versuchen und die Atmosphäre des berühmten Jurassic Parks aus dem Kino aus nächster Nähe nachempfinden.

Das **Ferschweiler Plateau** ist eine Hochebene aus Sandstein im Eifelkreis Bitburg-Prüm. Auf ihm liegen mehrere Eifler Orte und viele Überreste früherer, längst aufgegebener Siedlungen und Kulturen, etwa der Kelten oder der

Römer. Zu diesen Überresten zählt auch das Fraubillenkreuz. Das Plateau liegt zwischen dreihundertvierzig und vierhundert Meter über dem Meeresspiegel und zählt in seiner Gänze zu den Kulturgütern in der Region Trier.

Das **Fraubillenkreuz** befindet sich tatsächlich an einem unauffällig wirkenden Waldweg zwischen den Eifelgemeinden Ferschweiler, Schan-

kendorf, Bollendorf und Nusbaum (GPS-Koordinaten: 49.874117, 6.371284). Es besteht aus einem Menhir, also einem Hinkelstein. Dieser wurde vor weit über eintausend Jahren zum Kreuz umgearbeitet, angeblich von einem christlichen Missionar namens Willibrord. Das Kreuz misst etwa dreieinhalb Meter und ist Eifler Wanderern bestens vertraut.

Um seinen Namen ranken sich mehrere Geschichten. Er könnte darauf verweisen, dass es als »Bild-Kreuz« für die »liebe Frau«, also für die Mutter Gottes, gemeint war. Andere Deutungen verweisen jedoch auf die Sibyllen, legendäre Prophetinnen aus längst vergangenen Tagen. Sibyllen kannten angeblich die Zukunft und verrieten ihr Wissen den anderen Menschen. In der Eifel erzählt man sich bis heute, man brauche nur das Ohr an das Fraubillenkreuz zu legen, um das leise ratternde Spinnrad einer waschechten Sibylle zu hören, die noch heute in dem alten Kreuz aus Stein wohnen soll!

Die Grenze zum **Großherzogtum Luxemburg** ist vom Schauplatz unserer Geschichte nur einen Katzensprung entfernt. Und die Natur der Eifel schert sich nicht um vom Menschen gemachte Landesgrenzen. Sie schlägt Brücken, und das auf ganz natürliche Weise. Hüben wie drüben begegnet dem Besucher die gleiche atemberau-

bend schöne Landschaft. Dies- und jenseits
der politischen Grenzen wachsen in der Region die gleichen Mischwälder und Obstsorten,
zwitschern die gleichen Vogelarten. Die Natur

zeigt hier Einheit und Zusammengehörigkeit,
und die in ihr ansässigen Menschen spiegeln
diese Einheit von jeher wider.

———

Lena und Elias erleben viele weitere sagenhafte Abenteuer in der Eifel. Hier findet ihr
eine kleine Leseprobe aus dem spannenden
Roman »Das Schloss am Maaresgrund«.

Er ist als Buch und Hörbuch beim Eifelbildverlag erhältlich ... und in jeder gut sortierten
Buchhandlung.

Leseprobe
»Das Schloss am Maaresgrund«

Schweigend radelten sie über den verlassenen Burghof und auf den dunklen, unebenen Waldweg, der von Krähenfels wegführte. Die Nacht begrüßte sie wie zwei alte Freunde. Lena hörte eine Eule rufen, spürte angenehm frischen Wind auf ihrer Haut. Fledermäuse flatterten fröhlich im Mondenschein, und hier und da raschelten andere Tiere im Dickicht der Büsche und Bäume. Einmal war ihr sogar, als sehe sie dort die Augen eines kleinen, neugierigen Fuchses aufblitzen.

In einem hatte Papa doch recht, erkannte sie und staunte über sich selbst. *Es ist tatsächlich schön hier. Sogar ziemlich schön. Man muss es nur wahrnehmen.*

Sie hatten sich den Weg zum Weinfelder Maar so gut gemerkt, dass sie ihn jetzt mühelos wiederfanden. Er führte über nachtschlafende Feldwege, bucklige Teerstraßen und durch jede Menge Eifel. Nach einer kleinen Weile, die sich gar nicht so lange anfühlte, sah Lena plötzlich das Maar unter sich.

Elias hielt an. »Siehst du das?«

Auch Lena bremste. Schweigend stand sie auf der menschenleeren Straße oberhalb des Totenmaars. Dicht am Straßenrand begann der Abhang, auf dem allerhand Gestrüpp und ein paar Bäume wuchsen. Auf den Abhang folgte das schmale Ufer mit seinem etwa zwei Kilometer langen Wanderweg, der einmal rund um das Gewässer führte. Und dann kam das Maar selbst.

Es war der Vollmond, der die beiden Geschwister so faszinierte! Er spiegelte sich auf der Oberfläche des Wassers. Schimmerndes weißes Licht auf dunklen kleinen Wellen. Und obwohl es absolut unglaublich war, konnte Lena in diesem Licht tatsächlich ein Schloss erkennen. Ein Schloss am Maaresgrund.

Es war riesig, ein wahrer Palast mit Türmen und Zinnen und Fenstern und einem breiten, pechschwarzen Tor. Schmale, türkisfarbene Fahnen wehten von den Turmdächern, und die starken Wehrmauern waren so weiß wie frischer Schnee.

»Siehst du das, Lena?«, fragte Elias erneut. Er klang, als grusele er sich ein wenig. Aber er staunte auch, das hörte sie. »Sag mir, dass du das siehst. Oder spinne ich?«

»Ich sehe es«, antwortete sie leise. »Aber versteh das bitte nicht falsch, okay? Du spinnst natürlich trotzdem. Immer.«

Elias war zu gebannt von dem Anblick, um auf die Beleidigung zu reagieren. Stumm stand er da und schaute ins Tal.

Die Nacht hier oben am Maar war absolut still. Nirgends regte sich etwas, nirgends erklangen mehr die Geräusche nachtaktiver Tiere. Wären da nicht die leisen Wellen des Wassers gewesen, hätte Lena fast geglaubt, in eines von Elias' Fotos aus dem Internet hineingeraten zu sein. Irgendwohin, wo die Zeit stehenblieb und sich nie etwas veränderte.

Ob sich der Ritter so fühlte? Jede Nacht aufs Neue? Der Gedanke war erschreckend und sehr, sehr traurig.

Lena sah zu Elias und betätigte die Klingel an ihrem Fahrradlenker – teils, damit er sich zu ihr umdrehte, und teils, um endlich mal wieder ein anderes Geräusch als ihrer beider Stimmen zu hören. »He«, schlug sie vor. »Lass uns auf die Wiese fahren, einverstanden?«

Er nickte nachdenklich. »In Ordnung. Und falls …« Nun schluckte er hörbar. »*Wenn* der Ritter wieder aus dem Wald geritten kommt, erzählen wir ihm, was wir herausgefunden haben. Die Legende vom Totenmaar.«

So hatten sie es besprochen. Lena wusste nicht so richtig, was sie sich eigentlich davon erhofften. Aber sie ahnte, dass sie dem armen Geist nur helfen konnten, indem sie mit ihm sprachen. Sie mussten ihm klarmachen, dass sie

ihn verstanden. Dass sie seinen Schmerz begriffen. Vielleicht wurde dadurch schon alles besser. Oder wenigstens einiges. Oder wenigstens etwas.

Hoffentlich.

Mitten auf der Wiese hielten die Zwillinge an. Sie stiegen ab und ließen die geborgten Räder achtlos ins weiche Gras fallen. Von hier aus hatten sie sogar noch bessere Sicht auf das Maar. Das Schloss des Grafen glänzte hell im ruhigen Wasser. Die kleinen Fahnen wehten, als wollten sie die Geschwister zu einem mitternächtlichen Tanz im Schlosshof einladen.

»Es wirkt absolut echt, oder?«, murmelte Elias und trat neben seine Schwester. »Fast so, als bräuchte man nur da runterzugehen und ans Tor zu klopfen. Und dann käme jemand und ließe einen rein.«

Lena wusste nicht, ob sie das wollte. Nein, ganz und gar nicht. Ein kalter Schauer zog über ihren Rücken, und sie drehte sich schnell um. Nun blickte sie auf den Waldrand am anderen Ende der Wiese. Dort fand sie nichts Ungewöhnliches. Nur dunkle Bäume, dunkle Steine und kniehohes Gras. Nur Wahrheit, keine Märchen.

»Und jetzt?«, fragte Elias. Er drehte sich ebenfalls um.

Lena ging in die Hocke und setzte sich auf den Boden. »Jetzt warten wir.« *Und hoffen das Beste*, ergänzte sie in Gedanken, hütete sich aber, es laut auszusprechen. Elias machte sich bestimmt auch so schon fast in die Hose. Sie ja auch.

Die Nacht ließ sie warten. Minuten vergingen und wurden zu Viertel-, dann zu halben Stunden. Hin und wieder zogen kleine Wölkchen über den vollen, runden Mond. Zwei Mal hörte Lena sogar ein Auto über die dunkle Teerstraße auf der anderen Seite der Kapelle fahren. Sonst geschah nichts. Absolut gar nichts.

»Gestern hat das aber nicht so lange gedauert«, stellte Elias fest. »Irgendwas ist heute anders.«

Sie konnte ihm nur zustimmen. Es war bloß so ein Gefühl – aber eines, das sich nicht ignorieren ließ. Irgendetwas war tatsächlich anders.

Und mit einem Mal wusste sie auch, was. Das Schloss! Gestern Nacht hatte man das Schloss am Maaresgrund noch nicht sehen können. Das konnte man nur, wenn der Mond richtig voll und die Nacht richtig klar war.

Dann sollten wir heute vielleicht nicht den Wald, sondern das Maar beobachten, dachte sie, drehte sich um …

… und erstarrte! Denn aus dem Wasser des erloschenen Eifelvulkans stiegen gerade mehr Geister empor, als sie zählen konnte.

~

Der Autor

Christian Humberg wuchs im Herzen der Vulkaneifel auf. Heute schreibt er Bücher für große und kleine Leser, die bislang in fünf Sprachen übersetzt wurden. Von ihm stammen u.a. die Kinderbuchserien **Die unheimlichen Fälle des** *Lucius Adler* (Thienemann) und die bereits mehrfach fürs Theater adaptierte und von der Stiftung Lesen empfohlene *Drachengasse 13* (Schneiderbuch).

Anlässlich der Frankfurter Buchmesse wurde der Schriftsteller und Literaturübersetzer im Oktober 2015 mit dem Deutschen Phantastik-Preis ausgezeichnet. Wenn Christian mal nicht neue Geschichten erfindet, sieht man ihn oft in Schulen und Büchereien, auf Conventions und Buchmessen, wo er aus seinen Werken liest und aus dem beruflichen Nähkästchen plaudert.

Wer noch mehr über ihn wissen möchte, erfährt es unter **www.christian-humberg.de.**

Komm in den *Sagenhaft-Eifel!*-Club

Lena und Elias sind neu in der Eifel und suchen neue Freunde. Deswegen haben sie und der freche Vulkanteufel Pikrit den *Sagenhaft-Eifel!*-Club gegründet. Gemeinsam wollen sie die Sagen und Legenden dieser wunderschönen Gegend erforschen, spannende Abenteuer erleben und jede Menge Spaß haben. Und du darfst sie gern begleiten.

Möchtest auch du Mitglied in ihrem Club werden? Dann melde dich beim Eifelbildverlag – eine einfache Postkarte oder E-Mail genügt. Die Mitgliedschaft kostet dich keinen Cent, und du erhältst schon bald einen kleinen Willkommensgruß von unseren Helden.

Postkarte an:
Sagenhaft Eifel!
Clubzentrale im Eifelbildverlag
Lindenstraße 14
54550 Daun

E-Mail an:
club@sagenhaft-eifel.de

Burg Krähenfels freut sich auf dich!

Das Hörbuch

Die Legende um den »Schrecken der Teufelsschlucht« gibt es auch als Hörbuch – gelesen von Christian Humberg. Ihr erhaltet die zwei spannenden CDs in jeder Buchhandlung und natürlich in eurer *Sagenhaft-Eifel!*-Clubzentrale beim Eifelbildverlag/Daun.

2 CDs, ungekürzte Lesung
ISBN   978-3-946328-18-6

www.sagenhaft-eifel.de

Wenn du noch mehr mit Lena, Elias und Pikrit erleben möchtest, kannst du dich auf den nächsten spannenden Roman von Christian Humberg freuen – und du kannst *Sagenhaft Eifel!* im Internet besuchen. Auf **www.sagenhaft-eifel.de** erfährst du alles über die Serie, Christians aktuelle Lesungstermine und vieles mehr. Und in Elias' kleinem Blog findest du sogar spannende Neuigkeiten aus Krähenfels und der sagenhaften Eifel.